Rosette Poletti & Barbara Dobbs

Vivre son deuil et croître

Ce livre est complété par la cassette
Vie, deuil et croissance, du même auteur,
paru aux Éditions Sonothèque Média.

jouvence
EDITIONS

EXTRAITS DU CATALOGUE JOUVENCE

- Apprivoisez votre gremlin !, *par Richard D. Carson*, 2001
- Victoires sur soi, *par Léo Lédérrey*, 2000
- Traces de pas dans nos cœurs, *par Gary Morris*, 2000
- La beauté est éphémère, …la bêtise éternelle, *par Judy Scheindlin*, 2000
- L'accompagnant, *par Jean-Yves Revault*, 2000
- Ainsi parle l'esprit de la plante, *par Jean-marie Delacroix*, 2000
- Se réaliser par la magie des coïncidences, *par P. Debailleul & C. Fourgeau*, 2000
- La maîtrise de l'amour, *par Don Miguel Ruiz*, 1999
- Les quatre accords toltèques, *par Don Miguel Ruiz*, 1999
- L'intuitionneur, *par Hal Zina Bennett*, 1999
- Se libérer des systèmes de croyances, *par Michael Misita*, 1999
- Aucune rencontre n'arrive par hasard, *par Kay Pollak*, 1998
- Vivre sa spiritualité au quotidien, *par Pierre Pradervand*, 1998
- Découvrir les vraies richesses, *par Pierre Pradervand*, 1996
- Choisir d'aimer, *par Eileen Caddy*, 1996
- Des pensées pour grandir, *par Rosette Poletti et Barbara Dobbs*, 1993
- Les mémoires de l'oubli, *par Jacques Salomé et Sylvie Galland*, 1989
- Apprivoiser la tendresse, *par Jacques Salomé*, 1989

Catalogue gratuit sur simple demande auprès des éditions jouvence
Suisse : CP 184, CH-1233 Genève-Bernex
France : BP 7, F-74161 Saint Julien-en-Genevois Cedex
e-mail : jouvence@wanadoo.fr

Ouvrage composé en Adobe Garamond 12.7

couverture: Angelo Scaburri, graphisme; Elisabeth Marquart, photographie
maquette & composition: Hans Weidmann

ISBN 2-88353-054-8

Les morts sont des invisibles,
ils ne sont pas des absents.

SAINT AUGUSTIN

Tables des matières

Introduction

Vous qui ouvrez ce livre, vous êtes peut-être en train de vivre un deuil ou une séparation, ou alors quelqu'un dans votre entourage passe en ce moment par cette expérience difficile. Quelle que soit votre situation actuelle, vous avez certainement déjà subi des pertes et l'avenir vous en réserve probablement de nouvelles. Aussi difficile que soit cette expérience de la perte, de la séparation, elle n'en est pas moins universelle. Comme le dit *La Cabbale*, livre de sagesse, connu dans le monde judéo-chrétien :

> « L'être humain doit voir que rien *n'est* réellement, mais que tout est en devenir et en changement. Rien n'est immobile. Tout naît, croît et meurt. A l'instant même où une chose atteint son point culminant, elle se met à décliner. Rien n'est permanent, sauf le changement ».

Toute perte est douloureuse. Le deuil d'un être aimé est particulièrement difficile à vivre, mais la brisure du divorce, la fin d'une relation intime, l'éloignement de ceux qu'on aime causé par l'émigration, la perte de son emploi, d'aspects de soi-même lors de maladies ou d'accidents, la perte de possessions, de buts, d'idéal, toutes ces pertes appellent un cheminement nommé *processus de deuil.*

Ce processus est un parcours sinueux avec des montées et des descentes, il représente une expérience intense sur les plans physique, émotionnel, mental et spirituel.

Lorsque la perte est là, que l'inattendu ou l'inacceptable est arrivé, chacun va vivre, à sa manière, cette douleur qui étreint, qui habite l'être tout entier.

La connaissance du processus de deuil peut représenter une certaine aide pour ceux qui le vivent, c'est pourquoi, à travers les témoignages d'une soixantaine de personnes ayant vécu un deuil et l'accompagnement de centaines d'endeuillés, à travers les expériences personnelles du deuil qui ont été les nôtres, nous désirons partager avec vous, cher lecteur, quelques données relatives à ce chemin difficile que vous avez déjà parcouru peut-être ou que vous parcourrez un jour.

Le processus d'attachement

> « Seuls ceux qui évitent l'amour peuvent éviter le chagrin du deuil. L'important est de croître, à travers le deuil et de rester vulnérable à l'amour. »
>
> John Brantner

L'attachement est le cœur même de tout travail de deuil. En effet, s'il n'y a pas d'attachement à une personne, à un animal, à une chose, à un but, à un idéal, il n'y a pas vraiment *deuil.*

L'être humain a besoin d'attachement. John Bowlby, le grand psychologue anglais qui a étudié ce sujet sa vie durant, insiste sur cette caractéristique humaine. Pour lui, ce sont les besoins de sécurité de l'enfant qui l'amènent à investir de l'énergie, de l'amour dans des relations qui deviennent fondamentales pour lui. L'attachement est alors dirigé vers quelques personnes spécifiques, tels les parents, frères, sœurs. Ce sont ceux qui enseignent à l'enfant à établir des liens émotionnels.

Cet attachement existe aussi dans le monde animal. Le jeune mammifère, à mesure qu'il grandit, quitte l'objet de son attachement pour des périodes de plus en plus longues en s'éloignant géographiquement. Cependant, lorsqu'il a besoin de support ou de sécurité, il revient vers l'objet de son attachement.

Chez les humains, lorsque la relation parent-enfant n'est pas adéquate, l'attachement peut être tissé d'anxiété, être très ténu ou absent.

Il se peut que des liens en formation soient rompus trop tôt par la perte de la confiance ou la peur de l'échec. Là, à nouveau, l'attachement ne peut pas avoir lieu.

Cette incapacité à s'attacher peut aussi se produire par absence de stabilité, changements trop fréquents de personne significative, lorsque l'enfant ballotté d'une famille gardienne à une autre, d'un orphelinat à un foyer. Dans ces situations, il y a *incapacité à s'attacher* ou, en d'autres termes à s'investir affectivement dans la relation.

Les liens humains ont de multiples formes. Ils peuvent être intenses et intimes et par là répondre à toute une série de besoins tels que sécurité, amour, amitié, intégration sociale, se sentir utile et important pour l'autre, avoir un allié ou encore être guidé et soutenu.

Les liens relationnels se construisent dans le temps. Toute l'évolution d'une relation est gardée dans la mémoire sous forme de symboles qui deviennent une sorte d'image intérieure de la relation. Ces symboles sont associés à des sentiments, à des émotions et ces images vont influencer les interactions et les perceptions qu'a la personne de sa relation à l'autre.

Au moment de la séparation, ce sont toutes ces images, tous ces symboles qui vont devenir importants. Dans le phénomène du deuil, de la rupture d'un attachement, on ne pleure pas que le présent, la réalité, mais bien tout ce qui a existé, tout ce qui aurait pu exister et tout ce qui a existé et qu'on regrette, qu'on voudrait modifier si on le pouvait.

Les différentes pertes

La perte d'une personne

Parmi toutes les pertes qu'on peut vivre, la perte d'une personne aimée est l'une des épreuves les plus difficiles à traverser, c'est fréquemment un événement dramatique. Le quotidien s'estompe pour faire place à cette réalité incroyable. Celui ou celle qu'on aime n'est plus. Ce qui semblait essentiel hier apparaît aujourd'hui comme dérisoire. Ce après quoi on courrait, ce pour quoi on s'inquiétait, tout cela est balayé par la fracture émotionnelle que représente le deuil.

Parmi ceux qui ont vécu ce drame, certains ont décrit ce qu'ils ressentaient. Ainsi la mère de l'acteur Patrick Dewaere, Mado Maurin, décrit son expérience de la manière suivante:

> «J'étais installée... Fière de mes enfants. Heureuse presque. J'avais 66 ans. Encore quatorze ou quinze ans avant que ne sonne l'heure du départ... Quand soudain, cette chose énorme, terrible... Cette croix. D'un seul coup, tout bascule, tout devient dérisoire: ce que l'on avait cru, ce que l'on avait dit, ce bonheur dont on avait la prétention d'être l'artisan et le maître...»

Et elle raconte le drame, la voix nouée:

> «Je suis arrivée trop tard. J'étais à la campagne. Je n'ai même pas attendu la fin du coup de téléphone de mon mari. Dès que j'ai entendu: Patrick s'est mis une

balle dans la tête!, j'ai raccroché et je suis partie. Et durant les quarante kilomètres qui me séparaient de là où il était, j'ai prié, j'ai prié: Faites qu'il ne soit pas mort… Qu'il soit seulement blessé. J'ai espéré pendant quarante km. Mais quand je suis arrivée, il avait été emmené. Dans l'appartement vide, il n'y avait plus qu'une silhouette tracée sur le tapis, avec le sang…

Dans l'instant presque, j'ai su que je ne serais plus jamais la même femme. Qu'il y aurait désormais un avant et un après cette grande blessure. Il n'y a rien de pire que de perdre un enfant. Rien de pire surtout qu'un fils qui se donne la mort. C'est ce qui me tiendra à genoux jusqu'à la fin de ma vie. Seigneur, pourquoi?»

Que la mort soit prévisible ou non, que celui ou celle que l'on perd soit jeune ou vieux, cela fait, bien sûr, une différence, mais ce qui frappe toujours en pleine poitrine ceux qui restent, c'est le définitif de la mort. Pour toujours! Jamais plus! C'est inacceptable! Comment survivre? Comment traverser cette douleur qui étreint, qui habite l'être tout entier? Comment retrouver la paix, la joie?

Les facteurs qui influencent le deuil

Lorsqu'il s'agit de la perte d'une personne, de multiples facteurs influencent le processus de deuil:

Tout d'abord la nature unique et la signification de la perte pour la personne qui reste.

Qui était le défunt? Était-il le seul interlocuteur de son épouse qui n'avait aucune vraie relation à l'extérieur et aucun enfant avec qui partager ce qu'elle vivait?

L'endeuillé avait-il tissé avec la personne décédée une relation extraordinairement forte ou longue de cinquante années de vie commune, ou encore le défunt était-il l'enfant bien aimé pour qui « on avait tout sacrifié » ? ou la mère toute puissante, source de réconfort ?

Comme nous l'avons vu, toutes les pertes sont différentes, mais elles représentent chacune une réalité bien spécifique pour l'endeuillé.

Ce qui influence aussi la nature du deuil, ce sont les qualités de la relation perdue. Il se peut que la personne décédée ait représenté plus que sa propre présence dans la relation. Imaginez Jackie Kennedy au soir du décès de son mari : de première dame des États-Unis, elle redevient une femme comme les autres, son rôle national et international dépendait totalement de la vie de son mari. Dans d'autres situations, où les deux conjoints vivaient d'une manière un peu symbiotique, la perte de l'un des époux fait que celui qui reste se sent incomplet, incapable de se reconstruire.

Dans d'autres situations, la personne décédée était la personne centrale de la famille et son départ met en danger l'équilibre de tous les membres de la famille. De nouveaux rôles doivent être assumés par les survivants qui ne sont pas toujours prêts à les endosser. Parmi les facteurs à considérer il y a encore l'expérience de l'endeuillé avec la séparation.

On pourrait croire qu'il est possible d'apprendre à vivre le deuil. Il n'en est rien. Lorsqu'une personne subit des séparations successives, elle peut se trouver *en surcharge de deuil* et ne plus arriver à guérir émotionnellement.

Plus un deuil a été vécu négativement, plus les suivants seront difficiles à gérer.

La qualité de la relation entre l'endeuillé et la personne décédée joue aussi un très grand rôle dans le travail de deuil.

Plus il y avait de conflits entre deux membres d'une famille, entre un parent et son conjoint ou entre des parents et leurs enfants adultes, plus le processus de deuil est difficile à faire. Parfois, l'endeuillé n'arrive pas à lâcher prise de son chagrin. Il a besoin de dire ce qu'il aurait voulu dire et qui, pour différentes raisons, n'a pas été exprimé :

> «Je t'aime», «Je te demande pardon», «J'avais tant besoin de toi».

Les raisons de la mort, les circonstances du décès jouent aussi un grand rôle dans le processus de deuil. Il est souvent plus *facile* d'accepter une mort préparée au terme d'une longue maladie que, par exemple, le suicide d'un fils ou d'une fille.

De même, une mort soudaine ne permet pas la préparation ni la possibilité de terminer ce qui ne l'est pas dans la relation.

La longueur de la maladie amenant la mort peut aussi être un facteur important. Il a été observé que lorsque la maladie dure très longtemps, l'endeuillé peut se trouver dans un grand isolement social à cause du temps consacré aux soins de celui qui est décédé. D'autre part, lorsque, à plusieurs reprises, la personne qui va mourir se sent très mal, puis voit son état s'améliorer, il peut y avoir de la colère et de la culpabilité chez les proches, ou encore une telle fatigue émotionnelle que le deuil est difficile à vivre.

Le deuil anticipé

Lorsque la mort d'une personne est précédée d'une maladie grave, de longue durée ou encore que le grand âge et les problèmes de santé divers permettent à l'entourage de se préparer à la séparation, on parle alors de deuil anticipé.

Ce deuil comprend souvent quatre grands aspects :

1) Tout d'abord une réaction dépressive. La prise de conscience d'une séparation prochaine apporte de la tristesse et une perte temporaire d'énergie.

2) L'entourage se recentre sur la personne malade qui devient un pôle central. On la visite, on l'aide, on lui témoigne de l'amour, on échange avec elle, on tente de faire et d'être pour elle tout ce qu'il est possible d'être ou de faire.

3) La maladie de la personne aimée la met parfois à distance par une hospitalisation. Son état général se dégrade et la mort devient une certitude. Celle à qui on ne pensait pas est présente et l'entourage laisse entrer la notion de la mort dans son esprit. On pense aux désirs de la personne, à l'existence sans elle, à la période de deuil et, petit à petit, l'esprit se prépare au départ de l'être aimé.

4) Cette période est une sorte de temps d'apprentissage où chacun essaie de s'adapter par anticipation aux conséquences de la mort de l'être aimé.

Le futur veuf s'essaie à cuisiner pour lui-même et à prendre soin de la maison. Les parents qui vont perdre un enfant imaginent la vie sans lui. Cette période difficile et intense physiquement et psychologiquement permet en général d'absorber graduellement la réalité de la perte, de finir ce qui n'a pas pu l'être dans la relation : exprimer des sentiments, se réconcilier, résoudre certains conflits. C'est aussi l'occasion de changer ou d'approfondir ses croyances concernant la vie, la mort et l'au-delà et lorsque c'est possible de faire des plans pour le futur en accord avec la personne mourante.

La possibilité de faire un deuil anticipé rend finalement moins traumatiques les jours et les mois qui suivent le décès.

Alors qu'une mort soudaine et brutale n'offre aucun moyen de se préparer.

Ce deuil anticipé permet donc :

— la prise de conscience progressive de l'inéluctabilité de la mort de l'être aimé ;

— la possibilité d'exprimer son chagrin tout en étant encore capable d'agir auprès de la personne mourante ;

— la réconciliation avec celui qui va partir, si c'est nécessaire, mais surtout la réconciliation avec la vie qui continue ;

— le détachement progressif sur le plan émotionnel ;

— le développement d'une représentation mentale de la personne malade qui continuera à être présente après la mort.

L'un des problèmes que peut poser le deuil anticipé, c'est que le détachement émotionnel soit trop important et que l'entourage ait déjà, en quelque sort, *enterré* émotionnellement la personne aimée avant qu'elle n'ait cessé de vivre.

Ceci se produit tout particulièrement lorsque la maladie ou le coma dure très longtemps ou encore lorsque la personne se trouve à plusieurs reprises successives au seuil de la mort. L'entourage se prépare à cette séparation et a parfois de la difficulté à réinvestir lorsque la personne malade va mieux.

Cette situation est bien connue lors de retour de prisonniers de guerre *portés disparus* depuis plusieurs années. Certaines familles ont fait tout un travail de deuil et se sont détachées émotionnellement de celui qui rentre au pays, et il n'est pas évident pour lui de retrouver sa place.

Le processus de deuil

Le chemin long et sinueux que représente le processus de deuil a été décrit à maintes reprises par des spécialistes divers. Dans notre travail d'accompagnement des endeuillés, des survivants, nous avons trouvé que le schéma général donné par le psychologue américain George Kohlrieser était particulièrement aidant et c'est pourquoi nous le proposons ici (voir page suivante).

Tout commence avec l'attachement. Il ne peut y avoir deuil que lorsqu'il y a attachement. L'attachement est fondé sur la création de liens qui s'intensifient au cours des dernières années. Cependant, ce que nous oublions, c'est que tout attachement dans cette vie se termine par une séparation. Que cet attachement date de deux semaines ou de soixante-dix ans, il est par nature appelé à se terminer. Ce peut être par la mort, par la séparation, par l'éloignement, à quelque cause que cela soit dû, tout attachement a une fin. Vient alors le processus de deuil proprement dit sur le lequel nous reviendrons. Lorsque ce processus est vécu dans sa totalité, il permet à la personne endeuillée de retrouver l'énergie nécessaire pour créer de nouveaux attachements. Ce cycle est à accomplir extrêmement souvent dans la vie, à chaque fois qu'une perte ou qu'une séparation se produit. Parfois, il ne prend que quelques minutes, lorsque la perte est peu importante, d'autres fois, il prend des années pour se dérouler lors de la perte d'un enfant, d'un conjoint, des parents.

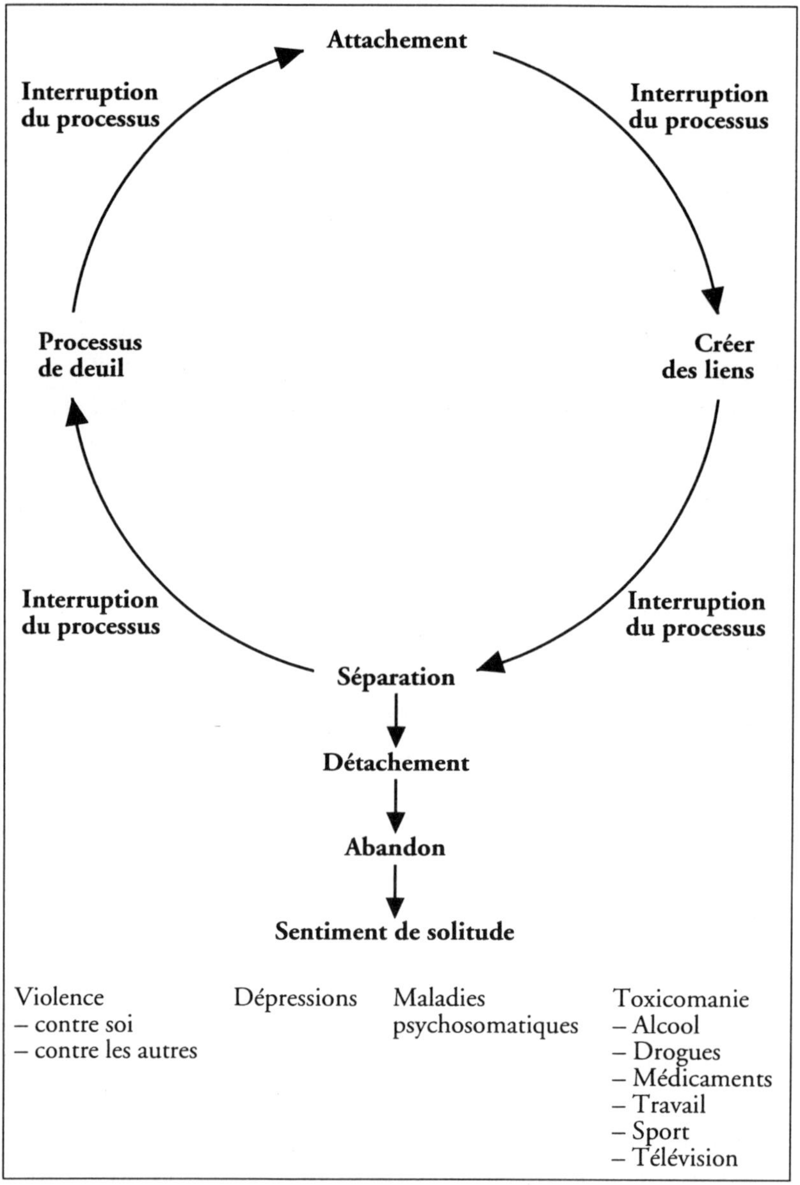

Fig. 1: Schéma de G. Kohlrieser

Pour certaines personnes, comme nous l'avons vu, l'attachement ne peut pas avoir lieu ou est rompu pour différentes raisons.

Dans d'autres circonstances, la séparation est si traumatisante que l'endeuillé ne trouve pas la force ou les ressources nécessaires à entrer dans le processus de deuil proprement dit. Il entre alors, à ce moment-là, dans le détachement, il ressent fréquemment un sentiment d'abandon, de solitude à laquelle il va pallier par quatre grands types de stratégies négatives:

La violence vis-à-vis de soi ou vis-à-vis des autres. Ces dernières années, à plusieurs reprises, les média ont rapporté des homicides en série commis par des personnes n'ayant pu faire face à des situations de perte ou de deuil et manifestant une violence incontrôlée vis-à-vis de leur entourage.

Le suicide et la prise de risques inconsidérée pour soi-même représentent un autre aspect de cette violence suite à une perte.

Parmi les conséquences négatives d'un processus de deuil mal géré, mentionnons les dépressions, les maladies psychosomatiques diverses et nombreuses, peut-être même le cancer.

Finalement les dépendances de l'alcool, de la drogue, l'abus de médicaments, entre autres de tranquillisants, sont aussi des manières négatives de faire face au deuil. Le travail acharné, le sport et la télévision peuvent être utilisés pour s'empêcher de ressentir la peine que provoque le deuil et la séparation et pour intensifier le phénomène du détachement émotionnel.

Dans ces situations, l'endeuillé agit, vit comme si rien ne s'était passé, comme s'il n'était pas touché par l'événement douloureux.

La guérison, la croissance ne peuvent être atteintes qu'à travers le processus de deuil, à travers un certain nombre d'étapes qui contribuent à la *cicatrisation* de la blessure émotionnelle.

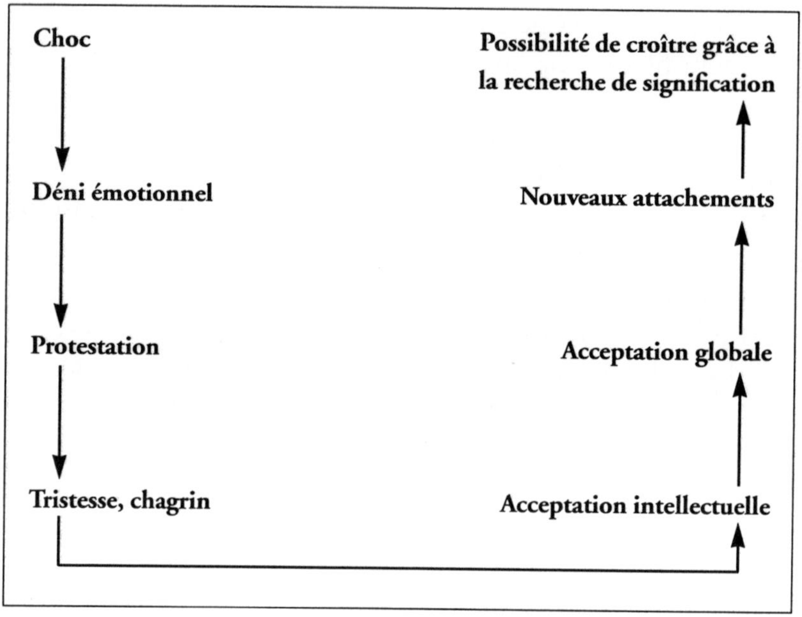

Fig. 2: Carte du processus de deuil

Cette suite d'étapes a été décrite par différents auteurs, en général nord-américains.

C'est pourquoi les étapes qui vont être décrites, plus loin, sont celles qui ont émergé des entretiens enregistrés avec environ soixante personnes passant ou ayant passé récemment par le deuil.

Voici ces étapes :

1) *Le choc*

Il s'agit là du moment où l'endeuillé apprend la nouvelle de la perte. Pendant un instant, le monde s'écroule autour de lui, et ceci avec d'autant plus d'intensité que la mort est subite, imprévisible et qu'elle se produit à un moment de la vie où on ne l'attendait pas.

Les réactions de chaque endeuillé sont uniques à ce moment-là, il peut y avoir des cris, de la colère, des larmes ou encore une impassibilité apparente. «Rendez-le moi!» «Non, ce n'est pas possible!», sont les appels lancinants de l'endeuillé dans cette étape.

Lorsque la mort était prévisible comme au terme d'une longue maladie, ou encore au soir de la vie lorsque la personne est rassasiée de jours comme le dit le psalmiste, le choc n'a pas la même intensité, car il a déjà eu lieu à l'annonce de la maladie grave, on «s'est fait à l'idée!».

Cela n'est pas facile, mais il existe au moins un temps de préparation.

2) *Le déni émotionnel*

La culture et les rites d'une société donnée modifient un peu les étapes de ce processus de deuil. Presque toutes les personnes qui nous ont confié les étapes de leur cheminement étaient suisses ou françaises: Pour elles, le choc initial a été suivi d'une période de quelques heures à quelques jours où «on sait ce qui arrive, mais on n'en mesure pas toute la dimension émotionnelle».

A ce stade, il est possible de prendre les choses en mains, de faire ce qu'il y a à faire, d'organiser les rites funéraires, d'aller de l'avant dans un état comparable à celui d'une anesthésie émotionnelle.

Cet état se rencontre aussi parfois chez des blessés physiques; le choc, l'impact du traumatisme ne permet pas de ressentir la douleur immédiatement. Ce n'est que graduellement que la sensibilité revient.

3) *La protestation*

Lorsque les émotions refont surface, ce sont souvent la protestation et la colère qui submergent la personne endeuillée. Colère contre ceux qui n'ont pas fait tout ce qu'ils auraient pu faire du point de vue de l'endeuillé, le médecin, les ambulanciers, les soignants, les employés des pompes funèbres, le conducteur ivre lors d'accidents, des membres de la famille, parfois même la colère est ressentie contre le mort, surtout lors de suicides ou d'accidents.

Cette protestation est tout à fait normale et compréhensible, quel que soit l'obstacle sur le chemin de la satisfaction de nos besoins, nous avons tendance à ressentir de la colère et la séparation d'avec un être cher est l'un des obstacles les plus réels à la satisfaction de notre besoin d'attachement.

4) *La tristesse et le chagrin*

Cette étape est celle de l'expression de la tristesse, du chagrin que cause cette perte.

Parfois, la protestation et la tristesse sont mêlées l'une stimulant l'expression de l'autre. La tristesse se complique souvent de regrets, de culpabilité.

— Pourquoi n'ai-je pas su voir ou prévoir ce qui allait se passer ?

— Si j'avais su, j'aurais passé plus de temps avec lui ?

— Je ne l'ai pas comprise !

— J'aurais dû faire ceci ou cela !

— Ah ! si je pouvais être avec lui ou elle encore une heure ou un mois !

On voudrait avoir fait plus et mieux. Lorsque la mort a été subite, il y a souvent tant de non-dits, de situations non terminées qui pèsent très lourds à cette phase-là.

Les regrets augmentent la tristesse et la tristesse, parfois, augmente les regrets.

Il arrive que de l'angoisse se précise à cette étape-là, l'angoisse d'avoir à vivre un nouveau deuil, angoisse de mourir soi-même, peur de vivre et peur de mourir.

C'est à cette étape-là que l'endeuillé a le plus besoin de soutien, de l'affection de parents ou d'amis proches capables de comprendre la complexité de ce qu'il est en train de vivre et d'offrir l'écoute aimante et chaleureuse qui lui est nécessaire.

Cette étape est de durée variable selon le caractère des personnes endeuillées et selon le type de perte.

5) *L'acceptation intellectuelle*

Lorsque les émotions ont pu être exprimées, la personne endeuillée commence à pouvoir accepter intellectuellement la réalité de la perte. La séparation a eu lieu, elle est réelle. Jamais plus ce ne sera *comme avant*. Ce qui semblait essentiel il y a peu de temps devient dérisoire, les valeurs s'inversent tandis qu'au niveau profond, la blessure est toujours fraîche et le sentiment de solitude profond.

6) *L'acceptation globale*

Au fil des mois, parfois des années, la personne endeuillée commence à intégrer la perte, à l'*accepter*, à réaliser que ce qui s'est passé est inéluctable.

Petit à petit, la douleur s'estompe, elle n'est plus aussi violente, la vie reprend ses droits.

7) *Les nouveaux attachements*

Arrive alors le moment où l'énergie de vie est à nouveau disponible pour de nouveaux attachements à des buts ou à des personnes. Souvent ces attachements ne sont pas aussi intenses que celui qui a été coupé, cependant ils constituent une nouvelle étape vers la guérison émotionnelle.

Lorsque les attachements sont à nouveau possibles, l'endeuillé est capable de pardonner s'il y a lieu à ceux qui sont morts, surtout lorsqu'il s'agit d'un suicide, comme à ceux qui ont été impliqués dans le décès. Cette étape où le pardon peut être offert est particulièrement significative, car pardonner, c'est laisser partir le ressentiment, c'est retrouver l'énergie investie dans la rancune. Pardonner à celui qui est mort, cela peut paraître insolite et pourtant..., c'est lui pardonner :

— d'être parti
— peut-être d'être parti trop tôt
— d'être parti sans dire au revoir
— d'être parti en bouleversant la vie de ceux qui l'aimaient

L'étape des nouveaux attachements comprend aussi le pardon à soi-même et celui-ci est souvent le plus difficile à donner car s'en vouloir, c'est encore à propos du défunt être lié à lui ou à elle. Se pardonner à soi-même, c'est accepter d'être imparfait, d'être celui qu'on est plutôt que celui que l'on voudrait être.

8) *Possibilité de croître à travers la recherche de signification*

C'est l'ultime étape du processus de deuil. Dans certains cas, l'endeuillé n'atteint pas cette étape. Cependant, pour tous ceux qui y parviennent, cette étape permet d'approfondir la relation avec la personne décédée. En effet, c'est à ce moment-là qu'il devient possible de prendre conscience de tout ce qu'on a reçu de la relation avec la personne décédée. C'est à cette étape-là aussi qu'en accord avec ses convictions personnelles, chaque endeuillé peut voir le sens de l'épreuve endurée et en faire une occasion de croissance, de mûrissement, d'approfondissement de sa foi.

Tout le cheminement décrit ci-dessus a lieu aussi lors de pertes autres que des pertes de personnes. Il faut aussi se souvenir que les phases ne sont jamais claires et précises et souvent il y a des retours en arrière, des hauts et des bas.

Les problèmes liés aux nouveaux attachements

Trop fréquemment, le sentiment de solitude ressenti, particulièrement durant la phase d'acceptation intellectuelle, peut amener un époux endeuillé à se remarier rapidement ou des parents éplorés par la perte d'un enfant à concevoir très vite un nouvel enfant.

Tous les spécialistes des problèmes de deuil s'accordent pour déplorer cet état de choses. En effet, un enfant né trop rapidement après le décès d'un frère ou d'une sœur sera très facilement considéré comme un enfant de remplacement. Il n'obtiendra pas de ses parents l'énergie de vie qui lui est nécessaire, ces derniers étant encore dans leur processus de deuil.

Anne-Ancelin Schützenberger, une psychologue française, a écrit d'importantes contributions sur ce sujet. Elle cite, entre autres, le cas de Salvatore Dali, qui avait été prénommé Salvatore comme son petit frère défunt et disait avoir été perturbé pendant toute son enfance par l'omniprésente présence du mort dans la famille.

Il en est de même dans les couples. Au long des années de vie commune, chacun se modifie pour bien vivre avec l'autre,

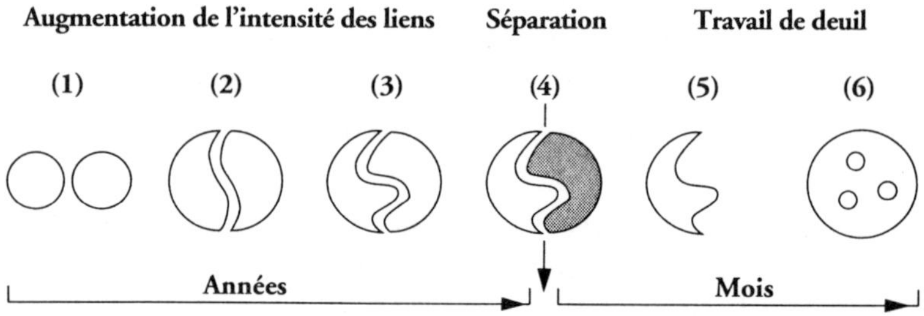

Dans un couple, les deux partenaires s'adaptent l'un à l'autre. Au moment de la séparation, tout un cheminement est nécessaire pour que l'endeuillé retrouve sa pleine capacité de rencontrer une nouvelle personne pour elle-même et non en tant que «remplacement».

Fig. 3: Le processus de deuil dans le couple

plus le temps de vie commune est long, plus l'attachement est fort et les modifications importantes (fig. 3, 1-3). Lors de la séparation, le conjoint restant a besoin d'un temps de reconstruction, il doit apprendre à redevenir complet en lui-même (fig. 3, 5-6). Bien sûr, il ne sera plus jamais *comme avant*, simplement, il a besoin de se refaire pour pouvoir à nouveau rencontrer l'autre et s'attacher sainement à une personne nouvelle et unique.

La fin du processus de deuil

Plusieurs chercheurs ont décrit un laps de temps qui permet d'atteindre la fin du processus de deuil, en général on parle de deux ans, mais ce peut être beaucoup plus long, ou parfois plus court.

En fait, une personne atteint la fin de son processus de deuil lorsqu'elle est capable de créer de nouveaux attachements et qu'elle peut évoquer la personne décédée sans souffrance émotionnelle. La tristesse restera jusqu'à un certain point, mais cette tristesse n'est plus aiguë.

Dans la plupart des cas de décès d'un conjoint, les veufs et veuves interrogés dans notre étude ont eu besoin de trois à quatre ans pour retrouver la stabilité dans leur vie.

Les réactions physiques liées au deuil et à la séparation

Les endeuillés qui ont partagé leurs expériences avec nous ont souligné combien le processus de deuil est un phénomène global qui touche toute la personne bio-psycho-sociale et spirituelle.

Parmi les réactions physiques les plus souvent évoquées, citons:

- Le manque d'énergie;
- Un sentiment de faiblesse;
- La bouche sèche;
- La gorge serrée;
- La poitrine serrée;
- Un sentiment de vide dans l'estomac;
- Une augmentation des problèmes existants: douleurs articulaires, rhumatismes, tendance aux maux de tête;
- Des douleurs au niveau du cœur.

Les trois à quatre semaines qui suivent un deuil important apportent avec elles une fragilité inhabituelle chez la personne survivante, qui, de ce fait, est plus sensible aux infections, rhumes, grippes ou problèmes digestifs qu'à l'accoutumée.

Les réactions mentales au deuil

Parmi les réactions mentales les plus courantes, le sentiment de dépersonnalisation est souvent évoqué, l'environnement semble irréel à la personne en deuil. L'impression d'une confusion est aussi courante, ainsi que la difficulté à se concentrer, des pensées répétées en rapport avec le défunt viennent divertir l'attention accordée à une chose donnée.

Certains endeuillés s'inquiètent d'hallucinations auditives ou visuelles auxquelles ils sont sujets. Ce sont des expériences passagères qui n'arrivent que pendant les premières semaines après la mort. L'endeuillé a l'impression de voir, d'entendre ou de ressentir la présence du défunt.

Les comportements courants face au deuil

Le deuil *normal* met en route un certain nombre de réactions chez les survivants. Parmi celles-ci on peut citer les troubles du sommeil: la personne dort trop, n'arrive pas à s'endormir ou se réveille trop tôt sans pouvoir se rendormir. En général, après quatre à six semaines, ce problème se résout de lui-même.

Les problèmes liés à l'alimentation

Certaines personnes n'ont plus d'appétit et d'autres mangent en trop grandes quantités pour calmer cette douleur émotionnelle qui les étreint.

L'hyperactivité

Il arrive aussi que des personnes endeuillées ressentent la nécessité d'une activité fébrile. L'important, si c'est le cas, est de se ménager des temps de repos suffisants.

La recherche d'objets ayant appartenu au défunt

A travers cette recherche, c'est une forme de proximité que désire l'endeuillé. C'est aussi ce qui l'amène à visiter des endroits liés au défunt et à porter sur lui des bijoux ou photos de la personne décédée. Il n'y a pas de réaction type, tous les comportements décrits ci-dessus font partie du *deuil normal*.

Toute description du processus de deuil n'est qu'une indication. Certains endeuillés ne passent pas par toutes les étapes présentées, ou pas forcément dans l'ordre évoqué.

Le processus de deuil est aussi nommé *travail* de deuil à cause de l'importance de la tâche à accomplir. Bruno Bettelheim ne disait-il pas :

> « C'est une tâche psychologique très importante qui exige que, pendant un certain temps, on se concentre entièrement sur elle, qu'on y mette toutes ses ressources, toute son énergie. »

Faire un travail de deuil, c'est, en fait, « remplacer une absence effective par une présence intérieure »[1]. C'est non seulement faire le deuil de la personne réelle, c'est aussi voir s'en aller tous les espoirs et les rêves, c'est renoncer à combler certaines attentes concernant la relation avec le décédé.

Faire le travail de deuil, c'est risquer la réapparition d'anciens conflits, de sentiments réprimés, de moments d'angoisse et d'impuissance associés à la relation avec la mère tout au début de la vie. C'est au moment où l'endeuillé aurait besoin de toute sa paix intérieure pour résoudre la perte que ces anciennes émotions remontent à la surface et contribuent à faire du processus de deuil un *travail* très difficile.

---

[1] Scharer et Pillot, *Revue du Praticien*, 11.02.1986, p. 494

Quelques soient les schémas ou les suites de phases proposés concernant le travail de deuil, et à quelques exceptions près, tous les chercheurs s'accordent pour repérer trois grands moments dans ce travail :

— La phase de choc
— La phase dépressive
— La phase de récupération ou d'adaptation

La fin du travail de deuil est signalée par l'acceptation de la perte, l'intériorisation de l'image du défunt dans sa réalité, le réinvestissement de soi-même vers l'extérieur et souvent une croissance émotionnelle et spirituelle notable.

Un chercheur américain, Wiliam Worden, postule quatre grandes *tâches* à accomplir à travers le processus de deuil :

1) Accepter la réalité de la perte ; c'est-à-dire intégrer l'idée que la personne aimée est vraiment morte, qu'il n'y aura plus de réunion possible dans cette vie.

Ceux qui ne peuvent accomplir cette tâche entrent parfois dans le déni ; ils n'arrivent pas à *croire.*

2) La deuxième tâche consiste à vivre la douleur du deuil. Plus les liens étaient forts avec la personne décédée, plus la peine est grande.

Malheureusement, rien ne peut épargner cette douleur. Les tranquillisants, les anxiolytiques, tous ces médicaments ne font que repousser la douleur qui resurgira. Certains font des efforts immenses pour s'empêcher de ressentir ; hélas ce type de comportement peut amener à la dépression tôt ou tard selon John Bowlby.

Pour pouvoir vivre la perte et les émotions douloureuses qui y sont associées, il est nécessaire d'avoir du support, de pouvoir être accepté et compris dans sa douleur.

3) La troisième tâche consiste à s'adapter à un environnement dont le décédé est absent.

Au moment du décès, ceux qui restent ne réalisent pas toujours ce qu'ils perdent; tous les rôles que jouait celui qui n'est plus. Il y a parfois une longue adaptation à accomplir. C'est souvent au bout de trois à quatre mois, quand la vie reprend son cours normal que les survivants commencent à mesurer la vraie dimension de la perte et à s'organiser afin de s'y adapter.

4) La quatrième tâche consiste à se détacher émotionnellement de la personne décédée afin de réinvestir cette énergie émotionnelle dans une nouvelle relation.

Lorsqu'une personne ayant vécu un deuil est incapable de réaliser cette quatrième tâche il arrive qu'elle ne puisse plus aimer, qu'elle ne réinvestisse plus affectivement, par crainte de devoir traverser à nouveau la même douleur.

Pour Worden, c'est la possibilité d'évoquer le décédé sans souffrir, sans avoir de manifestations physiques de douleur, même s'il y a pour toujours une certaine tristesse dans cette évocation.

L'inhibition du processus de deuil

Certaines circonstances de la vie empêchent l'endeuillé de vivre le travail de deuil: ce sont les situations dans lesquelles la perte n'est pas prouvée telles que les naufrages où l'on peut imaginer qu'il y a des survivants, les enlèvements d'enfants, les disparitions diverses sans possibilité d'être certain de la mort de la personne aimée, les *portés-disparus* durant les guerres.

Dans ces cas-là, l'espoir subsiste, les idées les plus irréalistes sont partagées avec l'entourage et le processus de deuil ne peut pas débuter. Ceci explique l'importance de trouver *le corps*, de s'assurer de la mort de l'être aimé et la nécessité de donner au décédé une sépulture.

L'inhibition du processus de deuil peut aussi se produire lorsqu'il existe une négation sociale de la perte telles qu'un avortement, une fausse couche, un enfant donné pour adoption ou la mort du partenaire dans un couple homosexuel.

Certains facteurs psychologiques contribuent aussi à l'inhibition du processus de deuil. Il arrive que le deuil actuel réveille un ancien deuil non terminé et qu'afin d'éviter de souffrir, la personne endeuillée se détache au lieu de vivre vraiment cette nouvelle séparation.

Lorsqu'il y a eu de nombreuses pertes, ou la disparition de toute une famille, le processus de deuil semble être impossible à vivre pour celui qui reste. Dans ce cas aussi, il peut y avoir détachement et incapacité de vivre le deuil avec toutes les émotions qui s'y rapportent.

L'incapacité de faire un travail de deuil se rencontre aussi chez des personnes dites *borderline*, chez qui le développement psychologique n'est pas assez avancé pour maîtriser les tâches du deuil.

Lorsque leurs mécanismes de défense du moi flanchent, ces endeuillés font parfois un épisode psychologique et doivent être soutenus médicalement.

Le deuil pathologique

Parfois, l'expérience est si dure à vivre que le survivant se prend à penser qu'il devient fou, que ce qu'il éprouve n'est pas normal.

Dans notre recherche, nous n'avons trouvé qu'un très petit nombre de personnes vivant ou ayant vécu ce qu'on peut nommer un deuil pathologique.

On peut admettre que ce n'est que lorsqu'une personne endeuillée manifeste deux à trois des symptômes ci-dessous qu'elle peut être en route vers ce qu'il est convenu d'appeler une réaction pathologique.

1) Le premier de ces symptômes est l'absence de réaction au décès. L'endeuillé continue à vivre comme si rien ne s'était passé. Il ne manifeste pas d'émotions.

2) L'identification à certains symptômes de la personne décédée tels que sentiment d'avoir des crises d'angine de poitrine.

3) La perte de l'estime de soi due à une très forte culpabilité à propos de la personne décédée.

4) La menace ou les tentatives de suicide.

5) La souffrance extrême et persistante.

6) Les cauchemars répétés avec présence du mort.

7) Un début d'alcoolisation.

8) Le retrait qui amène l'endeuillé à ne plus vouloir voir personne.

9) L'endeuillé évite tout contact avec ce qui a appartenu au défunt.

10) Un sentiment de panique à l'idée d'un autre décès.

11) Une agressivité inhabituelle vis-à-vis de l'environnement.

Toutes ces manifestations peuvent témoigner d'une incapacité à faire face au deuil.

L'aide d'un psychothérapeute, d'un médecin ou d'une autre personne compétente peut être nécessaire pour aider à passer ce cap difficile.

Vivre le processus de deuil

Connaître les stades du processus de deuil, savoir quelles sont les tâches à accomplir, c'est une chose. Vivre ces moments au jour le jour, c'en est une autre !

Au cours des entretiens avec des personnes endeuillées, elles nous ont révélé leurs stratégies, leurs moyens de faire face. A chaque nouvelle étape, certains moyens ont facilité pour elles le chemin sinueux du deuil.

Voici quelques-uns de ces moyens.

Durant l'étape du choc

L'important est avant tout de prendre soin de soi-même. La perte représente un stress si grand que le système immunologique est atteint. Il diminue son action rendant l'endeuillé vulnérable aux microbes, virus et bactéries.

Voilà pourquoi, il est si fréquent d'avoir un rhume, une angine, une grippe, peu de temps après un deuil.

En fait, tous les systèmes du corps sont affectés, les rythmes biologiques du sommeil et de la digestion sont perturbés, le rythme du cœur et la circulation sanguine augmentent, la respiration change. Le système endocrinien est activé, il devient difficile de se concentrer, l'anxiété augmente, en bref, toute l'homéostase est modifiée.

Comment prendre soin de soi ?

L'important est de se considérer comme une personne convalescente et de faire pour soi ce que l'on ferait si l'on sortait d'une maladie ou d'un accident.

Cela veut dire se reposer, éviter de faire ce qui n'est pas urgent, se reposer sur les autres, sur l'entourage, de s'en remettre à eux pour tous les aspects pratiques de la vie, d'accepter leurs offres de support et de présence.

Prendre soin de soi, c'est aussi poser des questions, récolter le maximum de données à propos du décès et des circonstances qui l'entourent.

C'est aussi donner beaucoup d'importance aux rites. Tant d'endeuillés regrettent après coup de ne pas avoir créé les cérémonies que souhaitait la personne décédée. Au contraire, lorsque les rites sont en rapport avec ce qu'était l'être aimé, ce qu'il représentait dans sa famille et sa communauté, ce qu'il souhaitait, un sentiment de satisfaction, de paix se fait sentir malgré la douleur de la perte.

Lorsque les rites n'ont pas pu être accomplis au moment du décès, il est toujours possible d'organiser quelque chose même plusieurs années plus tard. On peut choisir une date anniversaire et organiser un service du souvenir, ou une soirée musicale ou un pique-nique à la campagne avec toute la famille et les amis, dédié à la mémoire de l'absent.

Il vaut aussi la peine de partager ce que l'on ressent vraiment avec ceux qui nous sont proches plutôt que de prétendre que tout va bien.

Durant la phase de déni émotionnel

Là, à nouveau, comme dans la phase de choc, beaucoup d'endeuillés *ne réalisent pas* l'impact de la perte. Ils parlent de ce qui est arrivé, font ce qui doit être fait, mais la réalisation de la perte n'est pas encore totale. Une jeune veuve disait:

> «Lorsque mon mari s'est suicidé, j'ai bien mis deux à trois semaines avant de réellement prendre conscience de ce qui était arrivé. J'ai vécu l'ensevelissement, les formalités diverses avec beaucoup de compétence, j'étais *en charge* de tout, tout le monde admirait mon contrôle sur moi-même et sur la situation.
>
> Ce n'est qu'après ce laps de temps que la réalité de ce deuil m'a frappée en pleine poitrine: Jean ne reviendrait plus, il n'était pas au service militaire, il était mort et enterré!»

Écouter une musique que le décédé aimait, regarder des photos ou des vidéos le représentant, cela permet de faciliter le passage de l'étape du déni émotionnel à celle de la protestation.

C'est en prenant complètement conscience de cette rupture définitive que l'endeuillé entre en contact avec la colère qui est en lui.

Durant l'étape de la protestation

La réalisation de la perte définitive attise les émotions de colère chez l'endeuillé.

Pourquoi cette mort?
Pourquoi si tôt?
Pourquoi si soudainement?

Il ou elle n'avait pas le droit de nous quitter ainsi, sa tâche n'était pas finie !

Pourquoi n'a-t-il pas fait plus attention en conduisant ?

Je lui en veux de s'être supprimé.

Tant de raisons d'en vouloir à ceux qui ont eu quelque chose à faire avec ce deuil : le médecin n'a pas su l'aider, les ambulanciers qui sont venus trop tard, le chauffard qui l'a embouti, le patron qui l'a licencié, le partenaire qui l'a infecté.

Durant cette phase, beaucoup d'endeuillés ressentent de la colère, ils ont envie de protester. D'autres ne se donnent pas ce droit. Ils essaient d'être raisonnables, de pardonner. Malheureusement, cette étape n'est pas encore celle du pardon, de la rationalité.

La colère a besoin d'être exprimée. Elle peut l'être directement, vis-à-vis des soignants, des ambulanciers, du chauffard. Ce n'est pas toujours la meilleure méthode, mais mieux vaut exprimer maladroitement sa colère que de la réprimer.

Il est aussi possible d'exprimer indirectement sa colère : de crier dans sa voiture ou dans la forêt, de frapper le sol avec une branche d'arbre, de frapper son lit en criant, avec une raquette de tennis, de lancer des pierres dans l'eau d'une rivière.

Pour certains, écrire à la personne décédée ou à ceux qui ont une responsabilité dans le décès de la personne aimée, puis brûler ces lettres, donne un sentiment de délivrance d'un poids.

Notre culture a tendance à encourager la répression de la protestation. De multiples situations de thérapie de groupe destinée à aider des personnes endeuillées nous ont montré combien la protestation existe en chacun lors d'un deuil, même si le survivant a tendance à la nier ou à la réprimer. C'est souvent après l'expression de la colère que le chagrin profond, les sanglots de la personne en deuil peuvent enfin s'exprimer.

Cette phase de protestation peut aussi être celle où la culpabilité apparaît. Il y a tant de raisons de s'en vouloir lorsqu'un être aimé disparaît :

— Regrets de lui avoir parlé si durement quelque temps avant sa mort ;
— Regrets de n'avoir pas passé plus de temps avec lui ou avec elle ;
— Regrets de n'avoir pas insister pour qu'il aille voir le médecin plus tôt.

Toute relation humaine est par essence imparfaite et il y a beaucoup de raisons de s'en vouloir, d'éprouver de la culpabilité.

Il arrive aussi que la culpabilité, le fait de s'en vouloir soit un moyen d'éviter d'en vouloir à l'autre d'être parti ou d'en vouloir à ceux qui ont une part de responsabilité dans ce décès ou peut-être même d'en vouloir à Dieu. Cette culpabilité est aussi un moyen de rester en contact avec la personne décédée et ce peut être difficile de la laisser partir.

Parfois, à travers l'expression de la colère envers l'extérieur, l'endeuillé trouve un soulagement au sentiment de culpabilité.

L'étape de la tristesse et du chagrin

Cette étape du processus de deuil est une étape bien difficile. Les pleurs sont fréquents, le sentiment de tristesse peut se manifester comme une vague qui submerge.

Tout au long des interviews, ainsi que dans notre pratique de thérapie du deuil, nous avons pu découvrir l'importance des larmes. Plus une personne en deuil est capable de vivre cette peine, ce chagrin, d'en manifester les émotions profondes, plus le soulagement est grand. Les sanglots qui proviennent du tréfonds de la personne sont comparables à une onde qui *nettoie* la douleur, alors que l'incapacité de pleurer, de sangloter contribue à garder la tension intérieure. Ainsi, est-il bon de pleurer, de sangloter, d'exprimer activement toute la douleur intérieure. Lorsque cette expression n'est pas spontanée, il est possible de planifier des moments pour cela, des temps où l'on regarde de vieilles photos, où l'on écoute la musique aimée par le décédé, où l'on lit d'anciennes lettres.

Lorsque l'endeuillé ressent beaucoup d'amertume, c'est qu'il n'a pas encore exprimé toute la protestation qui est en lui, celle-ci se mélange à la tristesse et crée ce sentiment particulier qu'est l'amertume.

En écrivant une lettre où toute la tristesse s'exprime et une autre où la colère est mise en évidence, les deux émotions se clarifient et l'amertume disparaît.

La tristesse et le chagrin ne se lèvent pas d'un jour à l'autre comme les brouillards matinaux s'évaporent au soleil, il en reste toujours quelque chose. Dix ans, vingt ans après, le fait d'évoquer la personne aimée décédée peut provoquer une vague de tristesse. C'est si définitif la mort; plus jamais dans cette vie, il ne sera possible de serrer cette personne dans nos bras.

Le chagrin aigu s'estompe cependant; on peut, petit à petit, parler du décédé sans pleurer, cette personne absente réapparaît dans sa complexité et sa réalité. L'endeuillé réalise que la vie existe, qu'elle continue et que de nouveaux projets peuvent être élaborés.

Les circonstances précédant la mort de l'être aimé réapparaissent dans leur réalité et parfois, en effet, l'endeuillé réalise que la mort a constitué une délivrance, qu'elle a permis la fin de souffrances physiques ou morales, ou qu'elle a été une réponse au désir de s'en aller d'une personne rassasiée de jours.

C'est alors que le début de l'acceptation intervient.

L'acceptation intellectuelle

Au stade de l'acceptation intellectuelle, les différents aspects du décès apparaissent plus clairement.

L'être aimé n'est plus, c'est une réalité. Le processus de pensées fonctionne et l'endeuillé est capable de *comprendre* intellectuellement.

Il lui arrive de dire: «C'était mieux comme cela, elle souffrait trop!» ou encore: «Cela ne pouvait plus durer, il était trop malheureux».

Le décès commence à être élaboré intellectuellement. Cependant à cette étape, il n'y a pas encore d'acceptation globale; «c'est la tête qui parle» comme nous le disait un jeune veuf. A l'intérieur, le cœur saigne encore! La solitude est immense…

Lors de cette étape, il est utile de parler du décès, d'évoquer le décédé, de chercher à perpétuer sa mémoire, de chercher à savoir comment chacun a été enrichi par sa présence dans la vie.

Cette étape est celle où l'on crée quelque chose qui rappelle le décédé: un coin-souvenir dans l'appartement; un arbre planté dans le jardin; un fonds en faveur d'une œuvre que l'absent soutenait.

Si l'on accepte avec son intellect que le décédé soit parti, il y a encore du chemin jusqu'à ce que la totalité de l'être lâche prise et puisse atteindre l'acceptation globale.

Cependant, cette étape est primordiale pour atteindre la suivante.

L'acceptation globale

Ce n'est qu'après un à deux ans au minimum qu'il est possible d'arriver à cette étape-là. Elle se caractérise par une sorte de consentement global aux exigences de la réalité.

Ce n'est plus seulement le cerveau qui accepte la perte, l'être tout entier retrouve une sorte de sérénité. Il n'y a plus de colère, ni de profonde tristesse, mais plutôt une nostalgie de ce qui était et qui n'est plus.

La dimension spirituelle de l'événement se fait sentir et une recherche de sens à l'événement peut débuter.

Les rites religieux sont parfois très précieux à cette étape du cheminement du deuil.

Certains endeuillés lisent des ouvrages traitant de la mort et de l'au-delà. Des questions diverses doivent trouver une réponse satisfaisante, afin que l'énergie de vie puisse être à nouveau investie dans le quotidien.

Pour les psychanalystes, la possibilité de lâcher prise d'une personne *significative* décédée ne peut se faire qu'à travers l'identification avec elle, c'est-à-dire la prise en soi-même de certaines caractéristiques du disparu. C'est ainsi qu'il est plus difficile de faire le deuil de quelqu'un de proche envers qui l'on ressentait de la haine ou des émotions très mitigées, contrairement à la croyance populaire.

La création de nouveaux attachements

Bien que cette étape ne commence pas brusquement à un endroit donné du processus de deuil, c'est au moment où l'acceptation de la perte est globale que l'endeuillé peut enfin disposer d'assez d'énergie, d'espoir, de croyance en l'avenir pour établir de nouvelles relations et s'y investir.

La personnalité de l'endeuillé joue un rôle très important dans cette étape. En effet, ses caractéristiques personnelles vont faciliter ou inhiber la possibilité de tisser de nouveaux liens, comme du reste, elles jouent un rôle dans la présence ou l'absence d'un système de support durant tout le processus. L'endeuillé taciturne et solitaire qui n'a pas su tisser un réseau de personnes amies autour de lui se retrouvera forcément plus seul dans son épreuve et parviendra beaucoup moins facilement à retrouver de nouveaux attachements.

Pourtant, la présence de nouveaux liens, de nouveaux projets, de nouvelles personnes importantes est fondamentale à la terminaison du travail de deuil.

Nous avons pu vérifier lors des entretiens que nous avons menés à bien à quel point ces nouveaux attachements permettaient de laisser s'en aller tout ressentiment à l'égard du décédé et de pardonner ce qui ne l'avait pas encore été.

Il arrive que cette création de nouveaux attachements n'aille pas de soi et qu'elle requiert une volonté précise de la part de l'endeuillé. Il se peut qu'il soit nécessaire de fréquenter un groupe, de s'inscrire dans un club ou une organisation, alors que peut-être on n'en éprouve pas le besoin.

Combien d'endeuillés le restent pour toujours, incapables qu'ils sont de lâcher prise du passé et de regarder vers l'avenir !

Nous avons rencontré une veuve qui depuis dix-huit ans mettait le couvert de son mari à la table de famille à chaque repas, gardait sa chambre à coucher et ses vêtements intacts comme s'il allait rentrer d'un moment à l'autre, toute son attention, toute son énergie étaient accrochées à ce qui n'était plus. Elle ne pouvait pas lâcher prise.

Même lorsqu'il y a eu de nouveaux attachements et que le processus de deuil semble terminé, les anniversaires restent des moments difficiles, ainsi que les fêtes de Noël et de Nouvel-An, les vacances, tous ces moments où quelqu'un manque, parfois cruellement, dans la chaleur familiale. Plusieurs personnes nous ont parlé de ce problème. L'un des moyens de l'aborder positivement est de verbaliser ce ressenti à haute voix, de rendre présentes ces personnes aimées disparues, et cela d'une manière aussi naturelle que possible. Par exemple: «En ce moment bien particulier nous pensons très fort à notre père, mère, fils, mari, épouse et nous savons qu'il/qu'elle est avec nous durant cette journée et qu'il/qu'elle voudrait que nous vivions cette fête dans la joie».

La simple évocation du disparu, d'une manière saine et naturelle, permet de passer à autre chose, plutôt que de laisser planer une ombre accentuée par le non-dit.

La possibilité de croître grâce à la recherche de signification

Tout deuil représente une incroyable remise en question. Des pourquoi nombreux surgissent, attendant une réponse. C'est toute la vie qui se transforme en point d'interrogation! A quoi sert-elle? Quelle est son but? Pourquoi naître puisqu'il faut mourir? Y a-t-il un au-delà? Qui décide de la vie et de la mort? Sommes-nous les jouets ballottés sur les vagues d'un grand chaos? A quoi ai-je occupé mes jours? Qu'est-ce qui est important en définitive? Chez de nombreux endeuillés, ces questions restent sans réponse et petit à petit s'estompent à nouveau à l'horizon du quotidien.

Pour certains, cependant, ces questions constituent l'élément déterminant d'une longue quête qui aboutit à un niveau de spiritualité, au sens large du terme, inconnu pour eux jusque-là.

Il arrive aussi que certains endeuillés se sentent chargé d'une mission nouvelle à laquelle ils consacrent ce qui leur reste de vie.

Un couple américain, ayant perdu leur fille qui avait été renversée sur un trottoir par un chauffard ivre, s'est immergé dans un long combat qui a abouti à une loi fédérale, ce qui est extrêmement compliqué à accomplir, ayant pour but la répression sévère de l'ivresse au volant dans tous les États-Unis.

Certains chercheurs ont mis en évidence l'augmentation de la créativité chez des artistes et des scientifiques à la suite d'un deuil vécu positivement. C'est, par exemple, à la suite de la mort de plusieurs de ses frères et sœurs en bas âge que Gustav Mahler composa les « Chants sur la mort des enfants » [*Kindertotenlieder*], musique très poignante et très tendre.

Après la mort d'un enfant, certains parents consacrent leur vie à aider d'autres parents passant par le deuil. C'est le cas des parents responsables de l'association Arc-en-Ciel, par exemple.

L'important est de se laisser conduire par son intuition et ses convictions et de vivre ce qui semble juste pour soi-même là où l'on se trouve.

Toutes ces étapes ne sont pas vécues pareillement par chaque personne. Elles ne représentent que des indications. En effet, tant d'éléments influencent le travail de deuil qu'il est impossible de tracer un chemin unique. Ce que nous savons c'est qu'un parcours est à accomplir, qu'un travail doit se faire et que ce travail demande compassion vis-à-vis de soi-même, patience, humilité, lâcher prise et foi.

Survivre au deuil et à la perte. Conseils donnés par ceux qui ont déjà parcouru ce chemin

Au fil des entretiens et des récits de personnes endeuillées, relatant comment elles avaient fait pour survivre, quelques points sont apparus régulièrement et nous ont semblé utiles à consigner :

1) *Reconnaître la perte*
   – Se dire que c'est arrivé, que je suis assez fort et que je vais survivre.

2) *Se laisser ressentir la douleur*
   – Ne pas la nier ;
     Ne pas la couvrir ni l'anesthésier ;
   – Se laisser l'expérimenter.

3) *Se redire qu'on n'est pas seul*
   – La perte fait partie de toute vie.

4) *S'accepter*
   – Se redire qu'on a fait le mieux qu'on pouvait faire ;
   – Avoir des pensées positives vis-à-vis de soi-même.

5) *Se donner du temps pour guérir*
   – Plus la perte est importante, plus le temps sera long.

6) *Se souvenir que le processus de guérison a des hauts et des bas*
   Certains jours sont plus difficiles à vivre que d'autres.

7) *S'accorder du repos*
   – Bien dormir ;
   – Prendre son temps ;
   – Ne pas trop se charger.

8) *Se faire un horaire.*
   – Structurer l'extérieur pendant que l'intérieur est pris dans la tourmente

9) *Remettre à plus tard les grandes décisions*

10) *Rechercher et accepter le réconfort des autres et leur support*

11) *S'entourer de choses vivantes, des plantes, des animaux*

12) *Réaffirmer ses convictions*
– Renouer avec ses pratiques religieuses
– Découvrir une nouvelle spiritualité

13) *S'organiser pour les week-ends et fêtes*
– Prévoir la manière de vivre ces jours-là, éviter de se retrouver trop seul

14) *Se souvenir qu'on reste vulnérable pour des mois ou des années*

15) *S'il reste de la culpabilité envers la personne décédée, lui écrire une lettre qu'on brûlera ensuite*

16) *Se redire: «Je survivrai», un jour «je retrouverai ma sérénité», se l'écrire et le mettre dans un endroit en vue si nécessaire*

Une plaie émotionnelle a besoin de soins comme une plaie physique, traitez-vous avec beaucoup d'amour!

Se souvenir que:

«– La seule manière de sortir du deuil c'est de le traverser.
– Le pire deuil qui soit, c'est le mien.
– Le travail de deuil est un dur travail.
– Le travail de deuil le plus efficace ne se fait pas tout seul.»

Bob Deits

Le chemin de deuil dans quelques situations particulières

Le deuil d'une personne qui n'est pas morte

Le deuil dont nous avons parlé jusqu'ici concerne avant tout des personnes décédées ou d'autres pertes importantes et généralement visibles.

L'accompagnement d'une personne qui, petit à petit, perd ses capacités mentales parce qu'atteinte de sénilité ou de maladie d'Alzheimer a donné lieu à un certain nombre de recherches ces dernières années. Certains auteurs ont nommé ce deuil ou ces deuils bien particuliers: *deuil blanc.*

La personne aimée est physiquement présente. Ce qui disparaît, ce dont il faut faire le deuil, c'est avant tout de la relation verbale et de la possibilité de communiquer pleinement avec la personne atteinte dans son cerveau.

Les deuils à faire[2]

L'entourage est appelé à faire de nombreux deuils dont voici les principaux:

---

[1] Les différents deuils à faire sont tirés d'un travail de recherche concernant le vécu des familles de personnes atteintes de démence, d'Alzheimer et mené à bien par Liliane Poletti.

Le deuil de la relation qui existait avant la maladie
L'atteinte des capacités mentales de la personne aimée l'amène à ne plus reconnaître ceux qui l'entourent, à perdre l'orientation dans le temps et dans l'espace, puis à ne plus pouvoir s'exprimer correctement. La relation privilégiée établie avec ses proches disparaît, les éléments constitutifs de la communication n'existent plus.

Tout l'amour échangé, la connivence, l'échange intellectuel, tout ceci disparaît graduellement. L'être aimé ne rend plus les baisers qu'on lui donne, l'attachement connu n'est plus.

Le deuil du rôle
La relation n'étant plus possible, un changement de rôle s'opère. La personne malade a besoin de trouver du support chez ceux qui l'entourent. Il arrive que des enfants doivent jouer le rôle de *parent,* ou de gardien de la personne démente, qu'un conjoint ait à prendre en charge de nombreuses tâches qu'elle assumait jusqu'à ce jour.

A ce moment-là, deux problèmes peuvent se poser: la tentation de surprotéger ou, au contraire, de se désengager. La manière d'être la plus utile étant de trouver ce *juste milieu* qui préserve la dignité de la personne malade et la santé physique et mentale de l'accompagnant.

Le deuil de la normalité
Dès les premiers symptômes de la maladie, la personne qui en est atteinte manifeste des comportements inattendus. Elle peut, par exemple, *oublier* de payer ce qu'elle achète au kiosque à journaux, ne plus se souvenir de l'itinéraire pour rentrer chez elle depuis la ville, ne pas reconnaître un ami de longue date.

A partir de ce moment-là, plus rien ne sera *normal* et le deuil de la vie *d'avant* est à faire, tout en maintenant par tous les moyens une vie relativement calme pour les enfants et le reste de la famille.

La perte de la prédictabilité

L'évolution des maladies dégénératives ne se fait pas toujours d'une manière prévue. Il y a des hauts, des bas, des possibilités de complications.

On ne peut plus rien *prévoir* comme le disait la fille d'un homme atteint de démence d'Alzheimer.

Cette perte de la prédictabilité s'accompagne souvent d'une perte de la tranquillité d'esprit pour les proches. Il est nécessaire de penser pour l'autre, de le prendre en charge.

La perte du sens

Pour certaines personnes, conjoint, enfants d'une personne malade, l'épreuve peut être à ce point difficile que, temporairement, elles ne voient ni sens ni signification quelconque à la vie, à la souffrance en général.

Il y a aussi des centaines de petits deuils à gérer au cours des années que peut durer la dégénérescence de la personne aimée.

Comment alors vivre ces petits deuils ?

— Tout d'abord en les reconnaissant et en les acceptant.
— En s'acceptant soi-même avec ses impatiences et ses sentiments divers.
— En se centrant sur ce qui peut être fait plutôt que sur ce qui n'est plus possible.
— En organisant son temps de manière à pouvoir prendre soin de soi-même.
— En recherchant le support de l'entourage et des amis.

— En s'entourant d'éléments vivants, plantes, animaux.
— En se faisant faire des massages de détente et/ou en pratiquant de la relaxation et de la visualisation.
— En cultivant la dimension spirituelle en soi-même.

Être humain, c'est être imparfait, c'est être ce que l'on est et non pas ce que l'on voudrait être et dans le cas d'un deuil blanc, c'est accepter ses limites et ses possibilités, tout en cherchant un sens à ce qui se produit.

Perdre un enfant à la naissance

Il s'agit là d'un deuil particulier car pour l'entourage, l'enfant n'a pas vécu, il n'y a pas eu d'attachement, souvent cet enfant n'a pas encore de nom, il n'a pas été déclaré à l'état-civil.

Ce qu'on oublie, c'est que cet enfant a été conçu, il a été attendu, il a fait l'objet d'un projet, d'un espoir, d'un amour.

Sa mère a vécu en sa compagnie pendant huit à neuf mois, elle l'a senti bouger en elle. Le père, lui aussi, a investi espoir et amour dans ce petit être ; les frères, sœurs, les grands-parents attendaient cette naissance et voilà que toute cette attente joyeuse se change en tristesse, en chagrin ; cet enfant qu'on espérait est *mort-né*.

Faire le deuil de l'enfant mort-né

Suite à différentes expériences dramatiques de deuil pathologique, certaines maternités ont pris des dispositions en vue d'aider les mères d'enfants mort-nés.

C'est pourquoi, actuellement, il est proposé aux mères de voir l'enfant ou le fœtus, de passer un moment avec lui, de l'observer, de le prendre dans les bras et surtout de le nommer. Il est plus *aisé* de faire un processus de deuil lorsqu'on peut se faire une représentation mentale de la personne décédée. C'est la raison pour laquelle on photographie souvent l'enfant mort-né. Les parents peuvent avoir avec eux l'une de ces photographies et une autre reste dans le dossier de l'enfant.

A aucun moment, il ne faut forcer une mère à voir un enfant qu'elle ne veut pas voir. Fréquemment, cependant, le désir de contempler ce qui a été une partie d'elle-même durant tant de jours l'emporte sur la crainte et, avec le soutien du père ou d'un soignant, la rencontre a lieu.

Si la mère peut parler à cet enfant mort-né ou à ce fœtus, lui dire au revoir, le processus de deuil peut s'en trouver facilité.

Dans toute la mesure du possible, un service funèbre ou du souvenir devrait avoir lieu auquel toute la famille peut s'associer.

Lorsqu'un enfant meurt avant terme ou à la naissance, les parents et amis ne savent pas très bien quelle attitude prendre. Ils ne savent pas quoi dire, s'il faut écrire, téléphoner ou au contraire faire comme si de rien n'était.

S'il y avait eu une naissance normale, chacun aurait reçu un faire-part. Alors pourquoi ne pas faire savoir ce qui s'est passé. Les parents qui ont utilisé cette approche la recommandent chaleureusement comme moyen de clarifier la situation, d'informer et de faciliter la communication avec l'entourage.

Ce faire-part peut être libellé comme suit :

> « Sandra, l'enfant chérie que nous attendions ne grandira pas avec nous, elle est morte quelques heures avant sa naissance.
>
> Elle a été enterrée à X...... le............
>
> Nous l'avons aimée et continuerons à aimer son souvenir.
>
> Merci de penser à elle et à nous !
>
> Nom des parents et frères et sœurs. »

Tout cheminement de deuil est facilité par un réseau d'amis et de parents attentifs et affectueux, ainsi, tout ce qui peut être fait pour aider cette communication, doit être entrepris.

Au-delà de cette communication, il y a encore la puissance du nom, une enfant qui s'appelle Sandra existe, on peut en parler en la nommant; un enfant mort-né qu'on n'a pas vu et qu'on n'a pas nommé n'existe pas vraiment socialement.

Perdre un fœtus ou un enfant est une expérience très difficile à vivre: elle est constituée de mille facettes et demande beaucoup de tact et de doigté de la part de l'entourage. C'est le père ou la mère qui doivent décider quand ils veulent se débarrasser du berceau vide, ce qu'ils veulent faire de la layette toute préparée, ils le feront à leur rythme. Les inconnus, qui ne sont pas au courant de la situation, sont déjà si fréquemment amenés à « mettre les pieds dans le plat » que ceux qui connaissent les circonstances doivent être particulièrement attentifs. Je me souviens d'un jeune père, d'allure athlétique, qui me confiait qu'il avait pu faire face au décès de sa petite fille qui était née morte jusqu'au moment où sa femme l'a envoyé acheté une petite robe blanche si possible, pour revêtir l'enfant dans le petit cercueil. Il se rendit alors dans un magasin spécialisé. C'était le moment des soldes. Avisant une toute petite robe, il s'approche d'une vendeuse qui lui dit alors:

> « Mais Monsieur, n'achetez pas cette robe-ci, voyez nous avons la même une taille en-dessus soldée à moitié prix, les enfants ça grandit si vite ! »

Il insista pour acheter la plus petite des robes, paya et sortit rapidement du magasin et se retrouva dans la rue, sanglotant comme un enfant, car il venait de réaliser profondément que cette petite fille-là ne grandirait jamais !

La mort d'un fœtus ou de l'enfant en couche peut aussi être une source de culpabilité pour la mère ou pour le père et la mère.

Si par hasard, la mère avait eu une interruption volontaire de grossesse dans le passé, il arrive qu'elle voie dans ce décès une punition pour ce « qu'elle a fait ».

Je me souviens d'une mère qui avait pris des médicaments contre la grippe durant sa grossesse et qui s'en voulait horriblement.

L'aide d'un médecin ou d'un ecclésiastique éclairé peut alors être d'un grand secours pour comprendre que Dieu n'est pas un Dieu vengeur à notre image, mais bien un lien d'amour et qu'il n'y a pas forcément une relation de cause à effet entre une décision prise à un moment de la vie et l'impossibilité d'amener cet enfant à terme.

Le deuil particulier lié à l'avortement

Il s'agit là d'une situation bien particulière que peu de gens assimilent à un deuil, et pourtant ! Dans les sessions de thérapie du deuil que nous organisons, de nombreuses femmes ayant eu un avortement, parfois des dizaines d'années auparavant, prennent conscience de ce deuil qu'elles n'avaient souvent pas considéré comme tel. Elles se demandent comment aurait été cet enfant, aurait-il été fille ou garçon, aurait-il eu un don particulier ? Une femme très âgée placée en maison de retraite nous disait :

> « Lorsque j'avais vingt ans, j'ai eu un avortement. Ensuite, je me suis mariée et j'ai eu deux garçons qui ne s'occupent pas de moi.
>
> Je suis sûre que si j'avais gardé cette première grossesse, j'aurais eu une fille et maintenant je serais avec elle au lieu de finir mes jours dans une institution. Voilà, c'est ma punition ! »

Notre société, tout en ayant des discours moralisateurs sur le phénomène de l'avortement, n'offre pas ou peu de support aux jeunes femmes qui passent par cette expérience. Ainsi, la plupart d'entre elles répriment ce deuil et toute la culpabilité qu'elles éprouvent parfois. C'est à l'occasion d'une autre perte que les souvenirs de l'avortement sont ravivés.

Il est important de se souvenir que cette expérience peut être émotionnellement douloureuse pour la femme qui la vit. Qu'un processus de deuil, même s'il est bref doit presque toujours se faire. L'idéal est pour la personne concernée de pouvoir se confier à une personne ouverte, capable d'écoute attentive et de non jugement.

Dans le cadre d'une session thérapeutique, il est aussi possible de dire *adieu* à ce fœtus, aux rêves et fantasmes qui lui étaient attachés et à ce qu'il représentait.

Soutenir un enfant en deuil

Ces dernières années, les recherches des psychologues ont mis en évidence l'importance d'impliquer l'enfant dans un deuil familial.

Pendant très longtemps, tout ce qui concernait le deuil se passait à la maison, dans la famille, l'enfant était présent, il vivait avec les autres membres de la famille tous les rites liés à la mort et au deuil. Puis, petit à petit, les familles à plusieurs générations sont devenues rares, les enfants sont nés à la maternité, les mariages se sont fêtés au restaurant et les malades et les vieillards sont morts à l'hôpital. Les corps restaient à la morgue ou dans une chapelle funéraire et les rites se sont perdus.

Les enfants ont tout à coup été *protégés* de tout ce qui représentait la Vie.

Souvent, on les éloignait jusqu'à ce que les choses aient repris leur cours normal. Malheureusement, ce non-dit, ce non-vu, ce non-partagé a causé beaucoup de drames.

L'enfant a besoin de voir, de savoir, de comprendre, d'être avec, ce n'est qu'à ce prix qu'il peut lui aussi *faire son deuil.*

Lorsqu'une personne chère à l'enfant va mourir, que ce soit un grand-parent, un ami, une connaissance, il est essentiel de le dire à l'enfant, de partager avec lui ce que savent les autres. On ne peut rien cacher à un enfant car il sent. Il sait qu'il se passe quelque chose et son anxiété risque d'être beaucoup plus grande s'il est confronté au silence.

Un enfant est beaucoup plus *fort* qu'on l'a imaginé pendant longtemps, il a en lui des ressources incroyables pour faire face à la réalité. Simplement, il est souhaitable que ceux qui informent l'enfant soient des gens qui l'aiment et qu'ils prennent le temps de le faire avec calme.

Fréquemment, des parents se demandent s'il est bon d'emmener un enfant voir une personne en fin de vie. Dans la majorité des cas, c'est une bonne chose si l'enfant est soutenu et si on lui explique les changements qui ont eu lieu chez cette personne: «Tu vois grand-maman est très malade et elle ne peut plus parler et te dire qu'elle t'aime, mais toi tu peux le lui dire si tu veux, même si elle ne parle pas, elle peut t'entendre».

Même au moment de la mort, la présence d'un enfant peut être positive, tout dépend de la qualité du support que l'entourage peut lui offrir. Peut-être voudra-t-il parler de ce qu'il a vu, poser des questions, ou simplement être proche sans parler.

Il en est de même pour la mort: faut-il permettre à un enfant de voir un cadavre? S'il en manifeste le désir et qu'il est accompagné, ce peut être une expérience très riche pour lui. Selon son âge et la disponibilité de son entourage, il est même important de lui proposer de voir la personne décédée, sans jamais le forcer, sans lui demander d'embrasser le mort ou de le toucher. Il est important aussi d'être prêt à répondre à ses multiples questions.

Veiller un mort ou assister à la fermeture du cercueil n'est, par contre, pas recommandé pour un enfant de moins de 12 à 14 ans. L'adieu définitif que représente la fermeture du cercueil est un moment émotionnellement très chargé pour les proches et c'est le chagrin de ceux qu'il aime qui est difficile à vivre pour l'enfant.

De même pour les rites de l'enterrement, l'enfant peut y trouver du réconfort. Il se sent partie prenante de tout ce qui se passe et a parfois besoin d'explications. S'il est très petit, entre 2 et 6 ans, on peut le confier à quelqu'un qui le gardera durant la cérémonie. Aussi longtemps qu'on lui explique ce qui se passe et qu'il est proche de ceux qu'il aime, il vit très bien ces événements.

Les visites au cimetière peuvent aussi faciliter le processus de deuil pour autant que cela ne devienne pas un triste pèlerinage hebdomadaire. La plupart des enfants sont très intéressés par ces mystères de la vie et de la mort, ce sont les adultes qui projettent leurs craintes sur eux.

En cas d'accident ou de mort subite, les adultes proches auront à expliquer ce départ brutal qui peut procurer beaucoup d'angoisse. Certains enfants ont des cauchemars ou souffrent de perturbations de leur comportement. Un enfant de 7 ans, dont le père s'était tué à moto et qui avait été envoyé chez une cousine éloignée pour trois semaines, dès l'annonce du décès, s'était mis à bégayer fortement dès son retour chez lui. Après un traitement psychothérapeutique, il s'avéra qu'il avait été puni par son père la veille de l'accident et que, comme tous les enfants une fois ou l'autre, il avait marmonné: « Papa, j'aimerais te tuer ! » Il croyait ainsi avoir été à l'origine de la mort de son père.

S'il avait pu voir son père mort, voir le gros pansement sur sa tête, assister à tous les rites, peut-être aurait-il vécu cet événement bien différemment.

L'enfant passe-t-il aussi par un travail de deuil ?

Il est bien difficile de décrire exactement ce par quoi passe un enfant. Il est cependant possible de voir des signes de protestation et de dépression chez lui. Selon son caractère, l'enfant pourra se montrer bavard ou silencieux, capricieux ou provoquant, boulimique ou sans appétit. L'important est de le reconnaître, de l'accepter avec sa peine. Petit à petit, l'enfant pourra *se remettre* et retrouver sa joie de vivre.

Il arrive que l'enfant en deuil semble ne rien ressentir. Comme chez l'adulte, les réactions sont uniques et personnelles. Elles sont en rapport avec le type de lien qui unissait l'enfant à la personne décédée, avec le type de support offert par l'entourage ainsi qu'avec son âge et son caractère.

Le processus de deuil, quel qu'il soit sera beaucoup moins pénible si le dialogue existe avec l'entourage à propos du décédé. On peut parler de celui qui est parti devant l'enfant et avec l'enfant. L'essentiel est de parler vrai, de dire ce que l'on sent, ce que l'on pense, ce qui s'est passé. L'essentiel c'est de permettre à l'enfant de vivre son chagrin. Récemment, un livre intitulé *Le Voile noir,* paru aux Éditions du Seuil et écrit par Anny Duperey, met clairement ce fait en évidence. L'auteur a perdu très jeune ses deux parents et voici ce qu'elle dit :

> « Si vous voyez devant vous un enfant frappé par un deuil se refermer violemment sur lui-même, refuser la mort, nier son chagrin, faites-le pleurer. En lui parlant, en lui montrant ce qu'il a perdu, même si

cela paraît cruel, même s'il s'en défend aussi brutalement que je l'ai fait, même s'il doit vous détester pour cela... Pourtant percez sa résistance, videz-le de son chagrin pour que ne se forme pas tout au fond de lui un abcès de douleur qui lui remontera à la gorge plus tard. Le chagrin cadenassé ne s'assèche pas de lui-même, il grandit, s'envenime, il se nourrit du silence, en silence, il empoisonne sans qu'on le sache. Faites pleurer les enfants qui veulent ignorer qu'ils souffrent, c'est le plus charitable service à leur rendre. »

Accompagner un enfant dans son processus de deuil est une tâche bien difficile et en même temps extraordinairement importante. On sait maintenant que la manière dont un enfant vit un deuil pose les bases de la résolution de tous les deuils futurs. Les stratégies qu'il développe, les réponses aux questions qu'il pose, le support dont il dispose, tous ces éléments marqueront l'événement pour lui. La littérature enfantine comporte quelques ouvrages très bien faits à l'usage des enfants en deuil.

Lorsqu'une personne aimée va mourir, le livre *Faustine et le souvenir* de Sandrine Pernusch, aux Éditions Messidor-La Farandole, apporte des éléments aidants pour se préparer à la mort de quelqu'un. De même : *J'ai douze ans et je ne veux pas que tu meures* de Eda Le Shan, Bayard Éditions, représente un guide attentif et amical à l'égard des adolescents.

Après le décès, le livre *Au revoir, Blaireau* de Susan Varley, Éditions Gallimard, Folio-Benjamin, apporte aux petits une histoire très belle concernant le processus de deuil vécu par les animaux de la forêt lors de la mort de leur ami le blaireau.

Enfin, pour des enfants de 8 à 12 ans, l'histoire de *Leïla* par Sue Alexander et Georges Lemoine permet de comprendre la nécessité de parler de celui ou celle qui n'est plus.

L'adolescent et le deuil

Voilà bien deux mots qui ne vont pas ensemble : adolescence et deuil. L'adolescence, c'est le temps de la vie, du changement, de la croissance, des rêves concernant l'avenir. Le corps se développe, l'intellect se développe, la mort n'a rien à voir, semble-t-il, avec cette période de la vie. L'adolescent qui doit faire face à la mort d'un proche se trouve dans une situation difficile. En effet, il doit affronter ses propres tourmentes émotionnelles et voilà que cette chose incroyable devient réelle, quelqu'un qu'il aime est mort.

Pour bien comprendre l'impact du deuil sur l'adolescent, il est important de se souvenir d'un certain nombre de points :

1) L'adolescent est en plein changement de ses caractéristiques physiques, il s'habitue petit à petit à devenir un homme ou une femme.

2) Il vit des changements endocriniens qui l'affectent émotionnellement.

3) Ces changements réactivent les conflits œdipiens mal résolus.

4) Le processus de pensée de l'adolescent lui permet de penser en termes abstraits.

5) L'adolescent devient petit à petit indépendant de sa famille.

Un chercheur nommé Sugar a postulé que tous les adolescents passaient par une phase de deuil qui commence lorsqu'ils reconnaissent les imperfections de leurs parents et qu'ils perdent l'image idéale qu'ils se font d'eux, la perte de l'enfance et la perte de la vision idéale du monde.

La réalisation de ces pertes peut conduire à l'anxiété, à la colère et à la nostalgie pour ce qui a été perdu. Il peut y avoir de la tristesse à laisser partir ces images idéales, il peut aussi y avoir beaucoup de mécontentement, par rapport aux exigences de la vie, au fait de ne pas être reconnu, un sentiment de solitude important. Tout ceci rend l'adolescent particulièrement vulnérable à une séparation due au deuil.

C'est la perte d'un parent qui représente la plus grande perte pour l'adolescent, spécialement lorsqu'elle survient dans les premières années de l'adolescence, quand la séparation matérielle n'a pas encore eu lieu.

En Occident, c'est en général la mort d'un grand-parent qui met pour la première fois l'adolescent face au mystère de la mort. C'est une épreuve très grande pour lui, particulièrement lorsque le grand-parent est une personne très proche et représente une relation vitale pour l'adolescent, relation qui n'est pas toujours reconnue à sa juste valeur par l'entourage. Dans les familles tumultueuses que connaît notre époque, c'est souvent un couple de grands-parents ou les deux qui représentent la sécurité.

Durant la période de l'adolescence, les relations entre amis, camarades peuvent être très intenses. Lorsqu'un jeune homme ou une jeune fille meurt accidentellement ou par suicide, ceux qui étaient proches d'eux sont profondément affectés. Là non plus, ils ne sont pas souvent reconnus dans leur peine.

La mort d'un animal favori peut aussi avoir des ramifications profondes dans l'esprit de l'adolescent. Lorsque cet animal servait de source de réconfort et de confident, un processus de deuil important va se dérouler à propos de sa disparition.

C'est à l'adolescence que le décès de personnages publics touche très fortement: la mort de John Lennon ou de Claude François, par exemple, a donné lieu à de vrais processus de deuil chez certains adolescents.

Ce processus est assez semblable à celui de l'adulte. L'adolescent en deuil a besoin d'être compris dans sa dynamique, d'être écouté, respecté quelle que soit sa manière de s'exprimer à propos de son deuil.

Il a besoin de pouvoir compter sur ceux qui l'entourent et de vivre le chagrin qui est le sien, à son rythme. Des moments de dépression sont fréquents, ainsi que pleurs, maux de tête, insomnies, problèmes de digestion et fatigue généralisée.

Il peut aussi y avoir un problème d'identification avec la personne décédée: l'adolescent prend à son compte ses comportements, ses idéaux et ses maniérismes. Parfois, c'est plutôt le retrait et la dépression qui caractérisent le cheminement du deuil.

La tentation existe pour l'entourage proche de demander à l'adolescent d'assumer de nouveaux rôles lors du décès d'un proche, ou alors de se montrer fort: «Tu es grand maintenant, tu peux comprendre!»

En fait, fréquemment l'adolescent a besoin d'être soutenu, aidé, écouté et accepté. Ce n'est qu'à ce prix qu'il pourra avancer dans son processus de deuil.

Le deuil d'un conjoint

Perdre un conjoint représente une crise particulièrement douloureuse de la vie. Le décès de l'épouse, de l'époux contient en lui-même de multiples autres pertes. La sécurité, la joie, la présence d'un partenaire, de quelqu'un avec qui les décisions pouvaient se prendre, tout cela disparaît avec l'être aimé. Toute tentative d'aller de l'avant, de faire face au quotidien rappelle cruellement l'absence de celui que l'on a aimé. Mettre une place de moins à table, rentrer le soir dans une maison vide, apprendre à faire ce que l'autre faisait, prendre de nouvelles responsabilités, tout cela suppose d'énormes changements et une extraordinaire capacité d'adaptation.

La situation n'est pas tout à fait la même pour un homme ou pour une femme. De nombreux témoignages concordent : notre société ne sait pas très bien quelle place donner à une veuve ; on ne l'invite pas aussi librement que lorsqu'elle était mariée. Parfois aussi, elle était considérée à cause de la position sociale de son mari, ce dernier n'étant plus là, son épouse n'a plus la même importance aux yeux des autres. La veuve du maire d'une grande ville française décédé subitement, lors d'une session sur le deuil et la séparation, a dit combien elle avait souffert de constater qu'une grande partie des personnes qui lui semblaient nourrir des sentiments d'amitié à son égard avaient manifesté un désintérêt total pour elle, pratiquement du jour au lendemain, dès lors qu'elle avait perdu l'importance que lui conférait sa situation d'épouse de maire.

Pour le veuf, ce n'est pas tout à fait pareil. Son statut social ne se perd pas car il le tient de son travail, de sa position sociale ou politique. Lorsqu'il est père d'enfants qui sont encore à la maison, il voit un nouveau rôle se rajouter à tous les autres ; il n'est plus seulement celui qui gagne la vie et subvient aux besoins de sa famille, il doit aussi devenir celui qui soutient, qui materne, qui donne du temps.

De même pour la femme qui perd son mari, elle aura souvent à prendre le rôle de chef de famille dont la responsabilité est de trouver les ressources nécessaires.

Être un mari ou une épouse comprend une dimension sexuelle qui n'est plus satisfaite lors du décès du conjoint. Le manque dans ce domaine peut donner naissance à des relations de courte durée, parfois même avec des amis connus.

Aussi difficile à vivre que soit la frustration pour le veuf ou la veuve, il est important de pratiquer la chasteté jusqu'à ce que le processus de deuil soit presque terminé. Dans les semaines et les mois qui suivent les décès, le survivant n'a pas l'équilibre émotionnel et l'énergie qui lui permettraient de commencer une relation vraie et profonde. Trop fréquemment, les relations commencées trop tôt après le décès du conjoint se terminent mal car l'endeuillé recherche avant tout un remplaçant ou une remplaçante.

Il ou elle jugera cette personne en fonction de ce qu'il ou de ce qu'elle a connu et non pas en terme d'une relation nouvelle, autre, dans laquelle l'être aimé est accueilli pour lui-même.

Certains conjoints, tout particulièrement, bien que cette situation puisse aussi exister chez des enfants ou des parents de personnes décédées, ont un processus de deuil particulièrement long parce qu'ils y ajoutent une étape que l'on pourrait nommer :

Vivre pour le mort

Il s'agit là d'une tentative malsaine d'éviter d'avoir à traverser la souffrance de la perte. En vivant pour celui qui est parti, le veuf ou la veuve perpétue la vie de celui qui est mort, parfois au prix de la sienne, car, vivre pour le mort sape l'énergie vitale qui est nécessaire pour reconstruire sa propre vie.

Cette façon de faire peut être une tentative inconsciente de calmer des sentiments de culpabilité qui se font jour à l'idée de continuer à vivre, alors que le conjoint est mort.

Les raisons pour lesquelles un conjoint choisit cette manière de vivre peuvent être les suivantes :

— un désir de s'accrocher à celui qui est mort
— un moyen de continuer à partager l'identité du décédé
— une pression exercée par le conjoint défunt avant sa mort en imposant des demandes
— un désir de soulager des sentiments de culpabilité

Comment cela se manifeste-t-il ?

1) En assumant une œuvre non terminée par le défunt : l'écriture d'un livre, la construction d'un bâtiment, la réalisation d'un projet.

2) Faire comme si le défunt était toujours là en continuant sa tâche exactement comme il l'accomplissait, au lieu d'oser être soi-même dans ce travail.

3) Élever les enfants, prendre soin de la maison exactement comme il le faisait ou l'aurait fait, alors que les enfants changent, les circonstances aussi et que ce qui était juste il y a deux ans ne l'est plus forcément.

Une veuve participant à une session de deuil et séparation partageait avec le groupe combien elle avait *vécu pour le mort.* Son fils aîné avait 10 ans à la mort de son père qui était avocat.

Son mari lui avait fait promettre qu'elle ferait de cet enfant un avocat et que *l'affaire* pourrait ainsi continuer de père en fils. Inutile de dire que le père ne pouvait pas prévoir la carrière scolaire de son fils, qui n'était pas doué pour les études. Après avoir dépensé des dizaines de milliers de francs en écoles privées, répétiteurs et psychologues, le fils n'a jamais obtenu son baccalauréat, au grand désespoir de sa mère. Ce n'est qu'à la suite d'une tentative de suicide de ce fils qu'elle réalisa que *nos enfants ne sont pas nos enfants* et qu'elle se mit enfin à l'écoute de ce jeune homme dont le désir le plus cher était de devenir mécanicien sur voitures.

Le vœu du père, repris comme une obligation par la mère, avait compliqué la vie de toute la famille pendant près de dix ans.

4) Refuser d'envisager un remariage. Tous les veufs et toutes les veuves ne désirent pas se remarier. Ce qui est suspect c'est la détermination du conjoint survivant de vivre pour celui qui est mort en continuant à être son époux ou son épouse pour le reste de sa vie.

Lorsqu'un conjoint décide, peut-être inconsciemment, de vivre pour celui qui est mort, il favorise des émotions telles que le chagrin, la solitude, la peur, la colère et la culpabilité. Il est arrêté dans son processus de deuil et ne se laisse pas guider par la vie qui, elle, ne s'arrête pas.

Heureusement, pour beaucoup de veufs et de veuves, le pèlerinage du deuil ne s'arrête pas en route et ils atteignent un jour l'étape de l'acceptation. On reconnaît cela à certains signes tels que :

1) une diminution des émotions telles que chagrin, peur, colère ;

2) la mise en place d'un nouveau système de support ;

3) la capacité de *lâcher prise* de la relation qui existait avec le défunt ou la défunte;

4) la capacité de se définir sans faire référence au partenaire disparu.

La paix et la sérénité sont présentes et une nouvelle capacité de regarder en avant existe. Il n'y a plus de regrets, seulement une profonde reconnaissance pour ce qui a été.

Malheureusement, tous les veufs et toutes les veuves ne parviennent pas à cette acceptation. Pour beaucoup, c'est la résignation plutôt que l'acceptation qui est là. Ils n'ont pas la force ou la possibilité de cicatriser leur plaie. Certaines personne âgées vivent cette réalité. Pour elles, il n'y a plus rien *devant* elles, tout ce qui a été important se trouve dans le passé et elles ne peuvent pas *lâcher prise.*

Il y a pourtant des exemples réjouissants de veufs et de veuves âgés qui disent oui à la vie telle qu'elle est et qui mettent leur énergie dans l'ici et le maintenant.

Vivre le deuil d'un conjoint est un drame de la vie humaine, un drame qui peut être soulagé, au moins un peu, par un accompagnement plein de chaleur humaine et d'attention portée à celui qui vit cette expérience douloureuse.

Faire le deuil d'une personne morte du Sida

Pourquoi consacrer un chapitre spécial au deuil d'une personne morte du Sida ? N'est-ce pas semblable à toutes les autres morts ? La réponse est oui et non. Oui, le Sida, à l'heure actuelle touche des gens aimés, des gens proches et ceux qui leur survivent ont à vivre comme tant d'autres le processus de deuil. Non, parce que le Sida est une maladie perçue d'une manière particulière par le public et parce que dans le cas du Sida, il s'agit d'une *mort annoncée* à laquelle on se prépare, ce qui veut dire que les proches ont souvent vécu un deuil anticipé. Finalement, la mort par Sida apporte avec elle, parfois, une autre réalisation, celle d'un style de vie que les proches ne connaissaient pas forcément et qui lui aussi représente une forme de deuil.

Prenons l'exemple d'Alex. Cet homme avait réussi brillamment dans sa carrière. Il était connu dans de nombreux pays dans son cercle professionnel. Il avait reçu des distinctions et ses parents étaient extrêmement fiers de ce fils unique qui ne leur avait donné que des satisfactions, excepté celle de devenir grands-parents.

Lorsqu'il apprit que sa séropositivité devenait un Sida déclaré, Alex continua aussi longtemps que possible à exercer ses charges, puis il se retira et termina ses jours en clinique. Pour ses parents, il avait un *cancer du sang*. Ce n'est que quelques mois après sa mort qu'un journaliste *révéla* le style de vie d'Alex et la nature de sa maladie. Article que des âmes charitables s'empressèrent d'envoyer aux parents qui vivaient à des centaines de kilomètres de là.

Pour la mère d'Alex, ce fut terrible ! Ce fut un coup de tonnerre, non pas dans un ciel bleu, mais dans le processus de deuil qu'elle était en train de vivre. Le deuil pour elle était double : elle avait perdu son fils unique et en plus elle avait perdu l'image magique qu'elle s'était créée d'Alex.

Bien entendu, le deuil d'une personne morte du Sida peut être bien différent. Jacqueline Ménard, une mère canadienne ayant perdu son fils à cause du Sida, témoigne magnifiquement, voici ses paroles :

> « Le Sida m'a contaminée d'un virus avec lequel je vis depuis la mort de mon fils. C'est le virus de l'amour et de la tendresse. Car c'est à travers l'amour et la tendresse de Richard que j'ai découvert la TENDRESSE de Dieu. De ce virus, je désire devenir contagieuse auprès des sidéens rejetés et aussi auprès des autres mères qui, comme moi, un jour, ont rendez-vous avec le Sida de leur enfant. Richard m'a entraînée sur le chemin du Royaume dans lequel il vit maintenant. Il me rappelle aujourd'hui que c'est dans la douleur du Vendredi Saint que naît l'espérance de la Résurrection de Pâques. »[1]

Faire le deuil d'une personne atteinte du Sida, c'est passer par un chemin de guérison parfois particulièrement ardu à cause de la perception que l'on peut avoir de la signification de la maladie et de la mort. C'est pourquoi la chaleur d'un groupe de soutien ou la participation à des sessions de deuil et séparation peuvent constituer une aide bienvenue pour ceux qui ont à vivre cette expérience.

---

[1] Dans la revue *Frontières.*

Faire le deuil d'une personne qui s'est suicidée

Les média nous le confirment: la mort par suicide est en augmentation. Chez les jeunes, elle est l'une des premières causes de décès. C'est dire combien de personnes sont touchées par ce drame et ont à cheminer ensuite dans un processus de deuil particulièrement difficile.

Il y a dans le geste de celui qui se suicide tant d'inconnues, tant de points d'interrogation ! Comment peut-on en arriver là ? Qu'aurait pu faire l'entourage ? Est-ce un découragement provoqué par l'âpreté de la vie, une lassitude pour le combat quotidien, l'absence de sens d'une addition de jours insipides ? Est-ce une autopunition ou la tentative de punir l'entourage ?

Ce qui est sûr, c'est que le suicide est fait de raisons multiples. Il est l'ultime parole qui annonce qu'on n'a plus rien à dire ou plus rien à faire dans la vie.

Longtemps, le suicide a été jugé comme une sorte de crime contre soi-même ou contre la société. L'Église posait un jugement sévère contre les suicidés et pendant des siècles, ces derniers n'étaient pas enterrés dans les cimetières réservés aux bien-pensants.

Heureusement, ces temps-là sont révolus. Le suicide, aujourd'hui, est considéré bien différemment. Il arrive même qu'il soit perçu comme un geste d'autonomie, comme un geste de responsabilité ; la décision délibérée d'entrer dans cette autre dimension qui nous attend tous.

C'est la manière dont le suicide est perçu qui influence profondément le processus de deuil de ceux qui restent. Lorsqu'une grande culpabilité existe, il est bien difficile d'aller vers une acceptation de ce qui s'est passé. D'autre part, l'entourage, les amis et connaissances, selon leur perception du suicide, peuvent faire peser une ombre de reproches sur les proches du suicidé, compliquant aussi, de cette manière, leur processus de deuil.

Il est temps de repenser au phénomène du suicide, de le voir avec d'autres yeux. Comme l'écrit Fernand Couturier, thanatologue canadien, « ne pourrait-on pas penser aussi que se suicider, dans certaines conditions et circonstances qui relèvent, par exemple, tout autant des facteurs d'âge et de santé que des dimensions relationnelles et matérielles de la vie, puisse constituer un geste de l'existence authentique, c'est-à-dire assumée en propre ? »

Le processus de deuil de ceux qui restent

Lorsqu'on ne s'y attend pas, le choc peut être extrêmement violent : trouver quelqu'un qu'on aime sans vie et réaliser qu'il se l'est enlevée, voilà qui a de quoi secouer. Ce n'est pas toujours le cas, il arrive aussi que le suicide soit perçu comme une sorte de délivrance. L'une des personnes endeuillées que nous avons accompagnée était mariée à un homme dépressif. Durant sept ans, elle tenta de le soutenir, de couvrir son incapacité à vivre une vie normale. Elle assuma seule l'éducation de leur fils, emprunta de l'argent pour éviter la faillite du commerce dont ils étaient propriétaires. La mère et l'enfant souffraient énormément de la présence pesante de cet homme que rien n'arrivait à sortir de la déprime. Un jour, excédée, elle lui dit : « Si tu nous aimais vraiment, tu disparaîtrais pour que nous puissions vivre ? » Ce que fit le mari dès le dimanche suivant. Il fut retrouvé pendu dans la salle de bain. Inutile de dire la culpabilité de cette épouse ! C'est à travers un long cheminement qu'elle parvint enfin à accepter, puis à créer de nouveaux attachements et finalement à s'engager dans le soutien d'autres femmes passant par des épreuves telles que la sienne.

Dans la revue canadienne « Frontières », une épouse ayant vécu un problème un peu semblable publie une lettre dont elle a senti le besoin d'écrire après la mort de son mari :

Montréal, 12 septembre 87

> Bonjour Rémi,
>
> Tu es parti aujourd'hui pour de bon. J'écris ça « à chaud » parce que j'ai le goût que Guillaume se souvienne que, pour lui, tu étais un papa en or qu'il aimait beaucoup.
>
> Te souviens-tu, il y a trois semaines, quand tu lui as dit que tu voulais mourir ? La douleur l'a envahi, submergé, et il t'a dit en pleurant qu'il ne voulait pas que tu meures parce qu'il t'aimait.
>
> Mais tu as fait un choix, Rémi, et nous devons vivre avec. Je sais profondément que c'est un choix conscient. Nous en avons tellement parlé. Je sais que tu as lutté jusqu'à la fin mais que tu ne voyais pas d'issue parce que la souffrance t'a coupé les ailes, que tu ne voyais plus tes capacités, ton côté attachant. J'ose croire, Rémi, et je le sais, que pour toi c'est une délivrance. Au fond, comme je t'ai dit, le plus difficile

c'est mon impuissance, mais je respecte ton choix et, même si j'ai atteint mes limites, j'ai tenté de t'accompagner jusqu'à la fin.

Je sais aussi que les circonstances de ta mort, tu les as choisies pour nous épargner, nous rendre la chose plus facile. Je sais profondément que tu l'as fait pour nous, même si on ne le voulait pas. Tu avais si peur que Guillaume soit marqué par les angoisses qu'on vivait ; tu voulais tellement le protéger de cette souffrance. Je sais aussi que tu avais peur de gâcher ma vie.

Tu sais, Rémi, si je suis restée avec toi jusqu'à la fin, malgré la souffrance, malgré que j'aie souhaité une autre sortie, c'est que tu nous as beaucoup apporté à Guillaume et à moi. Tu savais être tellement tendre, t'amuser parfois comme un enfant. Hélas, la vie ne nous a pas permis de le goûter souvent. Ta souffrance m'a permis d'entrevoir l'immensité des abîmes qu'il y a en nous. Tu m'as appris à voyager à l'intérieur avec toute ta sensibilité et ta soif de l'essentiel.

Tu as plongé, Rémi, mais dans ma mémoire et dans celle de Guillaume aussi, je l'espère, tu voleras longtemps comme ces cerfs-volants que tu aimais tant faire virevolter. Le fil s'est rompu, Rémi...

Bon voyage, mon amour

Jocelyne [1]

Lorsqu'un suicide suit une longue série de tentatives de suicide, il arrive que coexistent chez les endeuillés deux sortes de sentiments contradictoires concernant le suicidé : d'une part

---

[1] *Frontières*, vol. 2, 1990. Université de Québéc à Montréal.

une grande tristesse et de l'amertume par le fait que l'être aimé a quitté cette vie, mais aussi un immense soulagement parce que le temps d'épreuve est terminé; il n'y a plus l'attente et le souci lié à un suicide réussi. Le pire a eu lieu, il n'y a donc plus rien à craindre.

Cette conjonction de sentiments opposés peut être très difficile à vivre pour les endeuillés qui ne se trouvent pas *normaux* dans leur vécu de deuil, alors qu'en fait, ils vivent un cheminement tout à fait compréhensible.

Parfois aussi, des lettres, notes laissées par le suicidé accusent une personne ou un groupe de personnes. Lorsque cela se produit, il est très difficile pour les personnes visées d'intégrer ces accusations. Dans ces circonstances-là, une aide psychothérapeutiques est bienvenue.

Il est possible de dire que plus la relation entre le suicidé et ses proches était conflictuelle et ambivalente, plus le cheminement du deuil sera complexe.

Dire le suicide aux enfants

Contrairement à ce que l'on pourrait penser, il est fondamental de mettre les enfants au courant des circonstances de la mort. Il faut expliquer aux enfants que la personne s'est donnée la mort, ceci en termes simples en répondant clairement aux questions qui ne manqueront pas d'être posées. L'important est d'expliquer à l'enfant que le suicidé a cru pouvoir solutionner un problème de cette manière, et qu'il n'a pas réalisé qu'il y avait peut-être d'autres moyens meilleurs. Surtout, l'essentiel est de souligner que personne n'est, en quoi que ce soit, responsable de la mort de la personne suicidée. Bien sûr, il est normal de regretter certains gestes, certaines paroles, certaines attitudes, mais que c'est bien la personne suicidée qui a choisi sa mort et qui en est responsable.

Le jeu est un moyen pour l'enfant d'intégrer la réalité et il arrive que les circonstances du suicide soient rejouées par lui. La petite fille qui pend sa poupée pour reproduire le suicide de sa mère ou qui prépare une *solution de médicaments* (qui peuvent être de la farine !) afin de la donner à son ours en peluche.

C'est par le biais d'une compréhension et d'une réassurance, en redisant à l'enfant qu'il est aimé et qu'il ne sera pas abandonné que petit à petit le choc initial passé, il pourra vivre ce processus de deuil et retrouver une vie complète.

Faire le deuil d'une personne qui a disparu

L'un des cheminements de deuil les plus difficiles est celui dans lequel la personne décédée n'est pas retrouvée.

Parmi les situations que nous avons rencontrées en travaillant avec des personnes endeuillées, citons la disparition en mer par naufrage, la personne disparue en montagne, l'enfant enlevé qu'on n'a pas retrouvé, la personne décédée a l'étranger dont on apprend la mort après qu'elle ait été enterrée et finalement la tragédie que tant de mères et d'épouses d'Amérique latine et d'ailleurs ont connu : la disparition d'un proche.

Les disparitions de personnes sous quelque forme qu'elles se présentent, amènent une quasi impossibilité de faire le travail de deuil puisque rien n'est certain, qu'on ne sait pas, qu'on ne peut pas voir le corps et l'enterrer.

L'histoire de la famille argentine N. est significative à ce propos. Le 11 juin 1976, Juan Angel N. a 14 ans. Vers 18 heures, alors qu'il rentre de l'école, il est arrêté et emmené par des individus armés qui le conduisent au commissariat pour l'interroger. Malgré les protestations du directeur de l'école qu'il fréquentait et de sa mère, Juan Angel n'est pas relâché.

Un peu plus tard, c'est son père qui est arrêté. Il est relâché après vingt-cinq jours, après avoir été interrogé et torturé.

De Juan Angel, plus de vraies nouvelles, mis à part un témoignage d'un autre homme enlevé et déporté dans une sorte de camp de concentration où les deux personnes se sont connues. J. M. a pu voir et parler avec Juan Angel, il a pu décrire les conditions affreusement pénibles dans lesquelles se trouvaient les prisonniers.

Il témoigne d'un transfert du jeune Juan qui aurait eu lieu à fin novembre 1976 pour une destination inconnue. A partir de là, plus de traces… Plus de nouvelles. Les parents N. et leurs autres enfants arrivent à fuir leur pays, l'Argentine, et ils vont en Bolivie. Dès décembre 1978, cette famille peut heureusement bénéficier de l'asile politique en Suisse.

Cela fait seize ans de cela. Le silence s'est installé. Beaucoup ont oublié, mais sa mère espère toujours contre toute espérance.

Que ce soit en Argentine, au Vietnam, dans l'ex-URSS ou dans l'ex-empire centrafricain, dans chaque pays qui a connu des dictatures, ce type de situation s'est reproduit des milliers de fois. Pour les proches, le cheminement du deuil est extraordinairement difficile à vivre ! Non seulement, la mort n'est pas prouvée, mais, régulièrement des espoirs surgissent : telle petite fille enlevée a été vue dans un pays voisin, tel ami d'un disparu est revenu de Sibérie, quelqu'un a rencontré des indigènes qui disent avoir vu un journaliste disparu dans un village de brousse, alors l'espoir renaît, peut-être qu'il n'est pas mort, peut-être que nous le reverrons.

Dans une île au large de l'Atlantique où les naufrages ont toujours été nombreux et où les habitants vivaient surtout de la pêche, il existait une coutume qui voulait qu'un an jour pour jour après la disparition d'un navire et de son équipage, une cérémonie ait lieu pendant laquelle, après avoir ouvert une tombe pour chaque disparu, on y enterre ses objets personnels. A partir de ce jour, son épouse était considérée comme veuve et ses enfants comme orphelins de père. Une messe d'enterrement était dite et le deuil pouvait se poursuivre. Ce type de rite peut être très aidant.

Cependant, caché au fond de ceux qui aimaient le disparu reste une secrète espérance, qu'un jour, peut-être… qui sait ?

Le plus important dans une situation de disparition, c'est en fait, après un certain nombre de mois ou parfois d'années, de prendre une décision : de passer de cette attente stérile à la vie qui est là, qui passe et qui est précieuse. Il ne s'agit pas d'oublier, ni de baisser les bras, mais, tout en restant ouvert à l'événement, de s'investir à nouveau dans le ici et maintenant.

Faire le deuil d'une personne disparue, c'est probablement vivre l'un des deuils les plus difficiles et pour lequel, parfois, une aide, un accompagnement psychothérapeutique est le bienvenu.

L'importance des rites funéraires

La fin de la vie est en général marquée par une série de rites.

Dès l'aube de l'humanité, l'être humain a créé des rites, des cérémonies servant en fait de symboles de passage entre cette vie-ci et l'au-delà.

Aussi loin que l'on remonte dans le temps, ces rites sont présents. Il semble même que soixante mille ans avant notre ère les hommes du Néandertal enterraient leurs morts lors de cérémonies spécifiques.

Que ce soient les Égyptiens, les Grecs, les Romains, toutes ces civilisations ont créé des rites particuliers pour les funérailles.

Aujourd'hui, il arrive que certaines personnes ou certaines familles choisissent de ne pas faire de cérémonies et d'inhumer simplement le mort dans *la plus stricte intimité.*

C'est faire abstraction du rôle joué par tout le symbolisme des cérémonies funéraires.

Ces dernières années de nombreux psychologues se sont penchés sur ces problèmes et ils ont relevé le rôle important joué par les rites funéraires:

1) Tout d'abord, ces rites servent de confirmation de la réalité de la perte. Voir le corps de la personne décédée, passer du temps à ses côtés, cela permet à l'inconscient de s'imprégner de cette réalité: il ou elle est mort(e). L'image du cercueil et du lieu où il se trouve sert de confirmation de cette mort.

2) Les rites funéraires permettent l'expression des émotions liées à la perte. Ils présentent une occasion de partager sa peine avec d'autres personnes concernées.

3) Ces rites permettent aux endeuillés de parler du disparu, d'évoquer avec d'autres des souvenirs, des incidents et par-là de mieux réaliser la perte.

4) C'est aussi lors de ces rites que la communauté peut manifester son attachement au décédé ou son support à ceux qui lui étaient proches.

L'une d'entre nous se souvient du sentiment affreux éprouvé, alors qu'elle travaillait dans un hôpital psychiatrique, où elle avait été *réquisitionnée* avec le jardinier pour former l'assistance lors d'un service funèbre organisé pour un patient qui n'avait ni famille ni ami. Le sentiment de vide horrible face à ce cercueil que personne n'entourait restera à jamais gravé dans sa mémoire.

Certaines familles soulignent l'hypocrisie de certains participants aux services funèbres qui y assistent alors que, du vivant de la personne décédée, ils ne se sont pas toujours bien comportés vis-à-vis d'elle.

En fait, s'ils se déplacent, c'est qu'au fond d'eux-mêmes, ils sentent combien ce geste est important et ce sont eux qui sont face à leur conscience; ils ne peuvent tromper qu'eux-mêmes. Pourquoi priver de nombreux amis de la possibilité d'être présents dans ces moments importants?

5) Les rites funéraires constituent aussi un moyen de réintégrer les endeuillés dans la communauté. C'est souvent la prise d'une nouvelle identité, l'époux devient *un veuf*, l'enfant, *un orphelin*. Les membres de la communauté les accueillent dans cette nouvelle identité.

6) Lorsque la personne décédée a pu dire comment elle désirait que ces rites se déroulent, il existe une satisfaction particulière pour les proches à organiser et à vivre ce que le défunt avait désiré. C'est une manière de réaliser ses vœux, de le continuer. Un malade en fin de vie qui avait très précisément organisé ses funérailles disait: «J'ai tenté de faire de ma vie une symphonie, c'est donc à moi d'en écrire les derniers accords».

7) Sur le plan familial, les rites funéraires semblent amener les membres survivants à être plus proches les uns des autres.

8) Sur le plan spirituel, les rites funéraires proposent une forme d'espérance en une vie qui continue au-delà de la mort physique; ils offrent la possibilité de demander à Dieu sa bénédiction sur le défunt et sur ceux qui restent.

9) L'un des effets des rites funéraires auquel on ne pense pas souvent et qui pourtant est très important, c'est le deuil anticipé que peut faire chacun des participants à propos de luimême. Chaque service funèbre représente une confirmation de notre essence d'être mortel et offre une possibilité de s'y préparer ainsi que de se préparer à être survivant de deuils qui se produiront un jour ou l'autre.

Parmi toutes les expériences vécues par les personnes que nous avons rencontrées, il semble que l'absence de rites funéraires ait rendu le processus de deuil plus difficile. Des regrets ont été exprimés à plusieurs reprises concernant une décision prise trop rapidement de ne pas avoir de cérémonie publique.

Le coût de certaines cérémonies et des boissons ou repas offerts retient certaines familles dont les moyens d'existence sont précaires. Il faut savoir que ceci n'est pas une nécessité, qu'il est tout à fait possible de ne pas offrir de collation après le service religieux.

Le service religieux lui-même n'est pas la seule manière d'organiser une cérémonie d'adieux. Si elle ne correspond pas aux vœux du défunt ou à ceux des proches, il est possible de créer autre chose : des lectures de poèmes avec un recueillement en musique, un moment de méditation ou des chants écoutés ensemble.

L'essentiel est de savoir combien ces rites funéraires sont importants, combien le processus de deuil peut être facilité parce qu'ils ont eu lieu.

Accompagner une personne en deuil

Au terme de nombreux entretiens avec des personnes ayant passé par le deuil, cinq caractéristiques majeures sont apparues comme étant fondamentales pour toute personne qui désire accompagner un endeuillé:

1) Présence paisible
2) Capacité d'écoute
3) Capacité d'offrir une aide pratique
4) Empathie
5) Patience

La capacité d'être une présence paisible

Accompagner un endeuillé n'est pas une tâche facile. La douleur de celui qui se voit subitement privé de la présence physique de quelqu'un qu'il aimait est difficile à supporter. Il n'est pas possible de diminuer la douleur ressentie et ceci peut procurer un sentiment d'impuissance. «Il n'y a plus rien à faire» dit-on. En effet, il n'y a pas de retour en arrière possible, ce qui a eu lieu a eu lieu, l'être aimé n'est plus.

A part un certain nombre de personnes qui désirent vivre cette souffrance dans la solitude, parce que c'est de cette manière-là qu'elles ont pris l'habitude de faire face aux problèmes qu'elles rencontraient, pour la plupart des gens, une présence paisible est souhaitée. La personne qui offre cette présence partage la peine de l'endeuillé, elle accepte les pleurs, les sanglots, elle encourage l'expression du ressenti.

Cette présence paisible ne doit jamais être imposée, seulement proposée. C'est par une vérification avec l'intéressé, pour savoir si c'est bien de cela qu'il a besoin, qu'il est possible de s'assurer de la volonté de l'endeuillé.

Cette présence doit être protectrice sans jamais être étouffante. Une personne avec laquelle nous nous sommes entretenues et dont le mari s'était suicidé a illustré ce qu'était pour elle cette présence :

> «Mon mari a été trouvé mort vers 14 heures et je l'ai appris une heure après. Jusqu'à 19 heures ou 20 heures, avec des amis, nous avons fait des démarches diverses, j'étais comme un zombie, je faisais ce qu'il y avait à faire sans émotion. Tout à coup, j'ai éprouvé l'envie d'aller dans une boîte du quartier où nous allions parfois, mon mari et moi. Mon entourage était abasourdi par mon désir. Seul, Charles, un ami de mon mari, a semblé comprendre. Il a dit : «Je viens avec toi, tu veux bien ?» J'ai hoché la tête affirmativement et nous sommes partis. J'ai bu, chanté, voulu continuer la tournée des boîtes de nuit. Charles était là, il substituait du jus d'orange aux verres d'alcool que je commandais, me donnait le bras dans la rue, me protégeait. Jamais il n'a tenté de modifier mon comportement, ni ne m'a demandé d'être raisonnable. Malgré la gêne que j'ai dû lui causer par mes actions, il a simplement été là.
>
> Tard dans la nuit, il m'a raccompagnée à la maison. Je me suis endormie immédiatement et le matin suivant j'étais prête à faire face à ce qui m'arrivait».

Être simplement là, présent, voilà la première exigence pour les aidants.

La capacité d'écoute

L'endeuillé a besoin d'affection, de sollicitude, d'une attitude faite d'ouverture et d'acceptation.

La peine qui est la sienne a souvent besoin d'être communiquée, partagée; c'est pourquoi, celui qui accompagne doit avoir une très bonne capacité d'écoute.

L'endeuillé peut être soulagé par les pleurs; il peut vouloir parler, se souvenir, raconter comment les choses se sont passées, évoquer le passé de la personne défunte. Une écoute aimante est ce qu'il lui faut le plus.

L'accompagnant est encouragé à utiliser le nom du défunt, à l'incorporer dans la conversation; toute explication de la perte en termes religieux ou philosophiques est à proscrire à ce moment-là. L'endeuillé n'est pas encore prêt à raisonner à propos du deuil subi.

Lors de cette écoute, la reformulation peut être utile; par exemple:

> *Endeuillé*: «C'est affreux, je ne sais pas comment je pourrai continuer tout seul?»
>
> *Accompagnant*: «Tu te demandes comment tu vas faire sans elle?»

Ceci permet à l'endeuillé de continuer à raconter ou à dire ses craintes. Cette capacité d'être à l'écoute n'est pas aussi simple qu'il y paraît; combien de fois à la remarque ci-dessus, l'entourage répond: «Tu verras, je suis sûr que tu t'en sortiras!», alors que ce type de réassurance à bon marché coupe la communication car l'endeuillé ne se sent pas compris dans ce qu'il vit à ce moment-là.

La capacité d'offrir une aide pratique

Le deuil, et tout ce qu'il provoque comme ruptures dans une famille, entraîne souvent des difficultés matérielles. La vie continue, les enfants doivent manger et aller à l'école, le linge doit être lavé et repassé, des transports de personnes sont nécessaires, tant de détails sont à considérer.

Une aide concrète et pratique est fort appréciée. Parmi les offres les plus appréciées de ceux avec qui nous avons parlé citons :

— offrir de faire les repas durant les premiers jours après le décès ;
— accompagner pour les formalités ;
— s'occuper des enfants ;
— s'occuper d'un parent âgé ;
— offrir de faire la lessive ;
— envoyer des faire-parts, adresser les enveloppes et rechercher des adresses égarées ;
— envoyer des lettres de remerciements ;
— accompagner au cimetière ;
— participer à l'organisation des rites funéraires ;
— offrir de l'argent ;
— inviter l'endeuillé pour un repas ;
— vider l'appartement ;
— trier des effets personnels du défunt.

Tout cela ne représente que quelques exemples. Le choix des actes pratiques dépend de la relation entre l'aidant et l'endeuillé, les circonstances de la mort, l'âge des personnes, la présence ou l'absence de membres de la famille, l'état de santé de l'endeuillé.

Il est à souligner que l'offre d'aide ne devrait pas être trop vague, du type: «Appelle-moi si tu as besoin de moi!», mais plutôt: «Ce soir, je vais faire mon repassage, je prends aussi le tien si tu es d'accord!»

L'endeuillé a parfois besoin d'être aidé à voir combien le deuil vécu va affecter tous les aspects de sa vie et les mesures urgentes à prendre. Il est aussi recommandé d'éviter tout changement radical au début du processus de deuil tels que: vendre la maison, déménager, changer de travail. Ce n'est qu'au bout de quelques mois que ces décisions-là peuvent être prises valablement.

La capacité d'empathie

Cette capacité, si précieuse, consiste à pouvoir imaginer ce que vit l'autre, à pouvoir se mettre à sa place pour mieux le comprendre sans s'identifier à lui.

Dans chacune des situations rencontrées, les endeuillés ont vécu une histoire unique, leur histoire. S'ils ont partagé un même cheminement jusqu'à un certain point, tous ont vécu le deuil avec ce qu'ils étaient, avec leurs ressources et leurs contraintes.

Être capable d'empathie, lorsque l'on est aidant, c'est savoir être attentif à l'autre tout en se centrant sur lui pour le comprendre. C'est lui laisser sa peine sans vouloir la diminuer pour être plus confortable soi-même.

Une mère ayant perdu son fils nous a parlé d'une voisine qui l'avait beaucoup aidée. Cette voisine avait elle-même perdu une fillette quelques années auparavant. Voici ce qu'elle disait:

«C'était tellement extraordinaire d'avoir Mireille. Elle savait ce que je vivais, elle avait les gestes qu'il fallait, les mots qui faisaient du bien. Jamais elle ne m'a donné ses recettes, ou sa manière de vivre cette épreuve. Elle répondait à mes questions tout en respectant ce que je ressentais. »

La patience

Fréquemment, ceux qui entourent un endeuillé ne sont pas dans la même situation que lui. Leur relation avec le défunt n'est pas la même ou encore ils ne le connaissaient pas. C'est pourquoi la peine de l'endeuillé leur paraît bien intense et parfois bien longue. Ils s'attendent à ce que les choses rentrent rapidement dans l'ordre.

Les accompagnants les plus précieux sont ceux qui savent être patients. Comme le dit la sagesse chinoise : « ce n'est pas en tirant sur l'herbe qu'on la fait pousser ! »

Par exemple : dans les premières semaines après le décès, l'endeuillé est souvent invité à manger chez des amis ou à partager une activité ou une autre. Comme c'est souvent trop tôt pour lui, il a tendance à refuser ces perches tendues. L'accompagnant capable de patience saura les renouveler plusieurs fois, mais sans insistance. Il saura aussi se souvenir des dates importantes telle que l'anniversaire de la mort et manifester son affection ce jour-là.

Tous les endeuillés nous l'ont confirmé, ce sont les mois qui suivent le décès qui sont les plus difficiles. Lorsque, pour l'entourage, tout semble *rentré dans l'ordre*, c'est alors que la solitude se fait sentir. Le premier Noël qui suit le décès, les premières vacances seul sont douloureuses. C'est à ce moment-là que la présence ou l'affection des proches et des amis est bienfaisante.

Lorsque l'endeuillé est l'un des membres d'une famille unie, où le support réel existe les uns envers les autres, de nombreux problèmes se résolvent dans ce cadre familial. Il ne faut pourtant pas sous-estimer le fait que chacun des membres, d'une manière ou d'une autre, vit un deuil et n'est pas complètement disponible à ceux qui l'entourent.

Ceci est particulièrement vrai lors de la perte d'un enfant. Chacun des conjoints attend du support de l'autre et comme chacun est pris dans son deuil, l'attente d'aide est sans réponse, créant de ce fait des conflits conjugaux. Un ou plusieurs accompagnants extérieurs sont recommandés.

Accompagner une personne en deuil représente un défi relationnel. En effet, il arrive que celui qui accompagne ait lui-même passé par des deuils pour lesquels le cheminement de guérison n'est pas terminé. Cette situation le rend alors vulnérable et très émotionnellement impliqué dans cet accompagnement.

Ceux qui désirent devenir des accompagnants d'endeuillés, qu'ils soient professionnels ou bénévoles, ont besoin d'examiner en eux-mêmes ce qu'ils ont fait des deuils par lesquels ils ont passé afin d'être vraiment aidants.

La charte des droits des endeuillés

En 1985, un chercheur nommé A. Carr et cité par Jean-Luc Hétu dans son livre *Psychologie du mourir et du deuil*, a énoncé les neuf droits des personnes endeuillées :

1) L'endeuillé a le droit qu'on s'occupe avec compassion de la personne mourante.

2) L'endeuillé a le droit qu'on lui annonce délicatement le décès, et qu'on s'occupe avec respect du corps du défunt.

3) L'endeuillé a le droit de voir le corps du défunt et d'exprimer dès ce moment, s'il le désire, ses premières réactions de deuil.

4) L'endeuillé a le droit qu'on lui facilite cette expérience émotive.

5) L'endeuillé a le droit de connaître la cause exacte du décès, de même que la nature des traitements qui ont été faits et la raison de leur échec.

6) L'endeuillé a le droit de faire les arrangements funéraires qui lui conviennent sans être manipulé.

7) L'endeuillé a le droit d'exprimer son deuil selon les rituels de sa religion et de sa culture.

8) L'endeuillé a le droit d'exprimer son deuil, quelles que soient les causes du décès (par suicide ou autrement), et d'être aidé à comprendre ses propres réactions.

9) L'endeuillé a le droit que les intervenants comprennent eux-mêmes la dynamique du deuil.

L'amitié, l'affection, une relation d'aide chaleureuse sont des aspects fondamentaux de l'accompagnement des endeuillés. Cette crise de la vie que représente le deuil peut être source de maladie et de mal-être ou source de croissance et c'est particulièrement la qualité de l'accompagnement dont les endeuillés bénéficient qui peut faire la différence.

Approches et exercices permettant de faciliter le cheminement du deuil

L'être humain est une créature de symboles et de rites. Descartes et d'autres ont voulu malheureusement l'ignorer. C'est dans des circonstances telles que celles du deuil que l'absence de rites peut se faire cruellement sentir.

« On ne va tout de même pas l'enterrer comme un chien ! » proclame la famille qui dit ne croire à rien ! Si c'est vrai pour l'enterrement, c'est aussi vrai pour le cheminement de deuil. Les approches qui suivent peuvent être utiles pour certaines personnes, elles peuvent donner des idées à d'autres pour créer leurs propres rites et symboles.

Se débarrasser de ses regrets et de sa culpabilité

Il s'agit là de partir à la découverte d'une grosse pierre de la taille d'un melon et de la rapporter chez soi.

On peut aussi acheter un très gros cristal brut dans un magasin spécialisé. Asseyez-vous ensuite près de la pierre ou du cristal, mettez votre main droite sur la pierre et votre main gauche sur le cœur. Pensez ensuite intensément ou visualisez tous les regrets que vous avez à propos de votre relation avec la personne défunte, pensez ou voyez aussi tout ce qui engendre chez vous de la culpabilité à propos de cette mort : les choses que vous auriez aimé faire, les paroles que vous auriez aimé dire, ce que vous avez fait et que vous regrettez. Voyez ensuite tout cela quitter votre cœur pour aller dans la pierre ou le cristal. Quand vous avez l'impression que tous ces regrets vous ont quitté, retirez votre main droite de la pierre ou du cristal et mettez-la à côté de la main gauche, paumes vers le ciel et dites : « Je suis en paix, je laisse la paix entrer en moi », puis vous reprenez vos occupations. Cet exercice est à répéter chaque fois que vous ressentez des regrets ou de la culpabilité.

Une à deux fois par semaine, mettez la pierre ou le cristal sous l'eau courante et laissez sécher au soleil.

Écrire une lettre à la personne décédée

Cet exercice est l'un des plus efficaces qui soit pour faciliter le chemin du deuil.

A n'importe quel moment, après le deuil, trouvez un lieu tranquille où vous ne serez pas dérangé et prenez une feuille blanche et de quoi écrire ; puis commencez à rédiger une lettre à la personne défunte où vous lui dites vos regrets, vos ressentiments et votre reconnaissance pour tout ce que cette relation vous a apporté. Aidez-vous de musique que vous aimez, mettez près de vous une photo du disparu et laissez venir tout ce qui vient sans rien censurer : votre colère, votre tristesse, votre amour. Lorsque vous avez terminé, relisez cette lettre sans rien y changer et ensuite *brûlez-la*. C'est essentiel de la voir se consumer par le feu. A mesure que cette lettre se consume, vous pouvez vous dire : « Je suis en paix, tout est bien, je trouverai la force qui m'est nécessaire ! »

Vider sa colère

Lorsque la tristesse envahit tout l'être pendant des jours entiers, il est important de s'autoriser à contacter sa colère. Tout deuil suscite une colère. La partie *enfant* à l'intérieur de nous souffre de la séparation, des circonstances de la séparation, de la perte de l'amour et de la présence. Notre partie *adulte* trouve des raisons rationnelles du genre: «Il faut bien mourir un jour», «au moins il/elle ne souffre plus». Cependant tout au fond de nous la colère gronde. C'est pourquoi le fait d'exprimer cette colère nous permet de mieux accepter la réalité telle qu'elle est.

L'exercice consiste à trouver un endroit où il est possible de faire beaucoup de bruit, à s'agenouiller ensuite devant un grand coussin ou un matelas et à taper avec ses poings ou avec une raquette de tennis sur le coussin ou le matelas, en laissant la bouche entrouverte et en criant AAAAH! lors de l'expiration. Petit à petit d'autres mots viendront peut-être, il s'agit simplement de les accueillir et de les exprimer. Il se peut que durant cet exercice, l'esprit rationnel manifeste des réticences, il suffit de continuer et de se laisser entraîner par les sons et le mouvement des bras.

Lâcher prise

La perte d'un être cher est un événement si intense que le retour à la vie quotidienne après les cérémonies funèbres peut poser problème. L'attention, la concentration sont difficiles. L'esprit, l'imagination sont sollicités par l'image du défunt, par des souvenirs anciens ou récents. Beaucoup d'endeuillés ont trouvé très aidant d'accomplir le rite suivant:

Chaque fois que l'attention retourne vers le défunt au moment où cela n'est pas souhaitable, il suffit de l'imaginer en route vers une autre destination, nous tournant le dos et de dire mentalement : « Va en paix ! », « Maman, va en paix », « Gérard, va en paix », et de répéter cette phrase trois ou quatre fois. Il se produit alors une impression de calme et l'attention peut à nouveau se concentrer sur le moment présent.

L'icône de la Résurrection

Pour les Chrétiens, l'achat et la mise en évidence de l'icône, bien connue, de la Résurrection peut aussi avoir un très grand effet. Cette image, située à un endroit où le regard peut se poser souvent, rappelle que la vie ne s'arrête pas à la mort physique, mais qu'elle continue ailleurs et autrement. La séparation a bien eu lieu ici dans cette dimension, mais finalement, c'est un destin de Vie auquel l'humain est appelé par delà la mort.

Les textes sacrés, les poèmes, les métaphores

La Bible, les commentaires de nombreux théologiens peuvent aussi apporter un sentiment de paix aux endeuillés. Chacun, en fonction de ses croyances, peut trouver des textes qui consolent, des versets qui soutiennent l'espérance ou encore de très beaux poèmes qui encouragent ou qui interpellent, comme par exemple ceux de Jean Debruynne :

> « Je voudrais des preuves de
> la résurrection
> et la résurrection

est une épreuve.
Je suis en quête de certitudes
et la résurrection
est une question.
Je réclame un procédé
et la résurrection est un procès. »

ou celui de Ayadi el'hadi :

« Je serais toujours
Même si venait à disparaître mon corps,
Moi, je serais encore.
Je serais pareil à la flamme qui brûle dans le brasier
ou dans l'étincelle, pareil à l'éclat d'un regard.
Je serais aussi dans le cri ou dans le vent,
dans l'appel ou dans le sourire.
Je serais dans la vibration ou le battement,
dans le chuchotement ou la caresse.
Je serais loin et près,
comme le soleil et la lune, les étoiles ou le ciel.
Je serais comme une couleur lumineuse
ou comme une pensée qui fuit.
Je serais pareil à l'oiseau qui vole,
ou à l'étoile filante qui parcourt les années-lumière.
Je serais pareil au sentiment, qui traverse le temps et la matière,
pareil à l'odeur parfumée qui sort des bois,
ou à une voix sortant de la gorge.
Je serais comme un geste ou comme un mouvement de la terre,
comme le passage de l'aigle ou le sillon laissé par les bateaux.

Même si mon corps devenait poussière,
je serais encore en prière.
Comme une flamme qui brûle, dans le feu ou le cœur.
Oui, je serais comme dans une poignée de mains ou dans une étreinte,
je serais pareil à la fumée après la mort du feu.
Je serais, moi, sans vêtement ni corps,
et Dieu, je l'adorerais encore. »

AYADI EL'HADI
Prison d'Ensisheim, mars 1981

ou encore des métaphores comme par exemple :

La légende des sables

Un cours d'eau, parti de sa source, tout là-haut dans les montagnes lointaines, après avoir traversé les paysages les plus divers, atteignit enfin les sables du désert.

Tout comme il avait traversé les autres barrières, le cours d'eau essaya de traverser celle-ci, mais il s'aperçut, qu'en courant dans le sable, ses eaux disparaissaient. Il était convaincu cependant que sa destinée était de traverser le désert, et pourtant ce n'était pas possible.

Alors une voix lointaine, venue du désert même, murmura : — Le vent traverse le désert, le cours d'eau peut faire de même.

Le cours d'eau objecta qu'en se jetant dans le sable, il s'y faisait simplement absorber, tandis que le vent pouvait voler, c'est pour ça qu'il pouvait traverser le désert.

— En te précipitant de ta manière habituelle, tu ne pourras pas traverser. Tu disparaîtras ou tu deviendras un marais. Tu dois laisser le vent t'emporter jusqu'à ta destination.

— Comment cela pourrait-il se faire ?

— En te laissant absorber par le vent.

Cette idée était impossible à accepter par le cours d'eau. Après tout, jamais il ne s'était laissé absorber auparavant. Il ne voulait pas perdre son individualité. Car, quand il l'aurait perdue, comment savoir s'il la retrouverait jamais ?

— C'est là la fonction du vent, dit le sable. Il prend l'eau, l'emporte au-dessus du désert, puis la laisse retomber. L'eau tombe en pluie, et redevient rivière.

— Comment puis-je savoir que c'est vrai ?

— C'est ainsi, et si tu ne le crois pas, tu ne pourras rien devenir d'autre qu'un marécage, et ce encore, après des années et des années ; et là non plus, tu ne seras plus un ruisseau.

— Mais ne puis-je donc rester le ruisseau que je suis aujourd'hui ?

— Dans un cas comme dans l'autre, tu ne peux demeurer le même, murmura la voix. Ta partie essentielle est emportée et va former de nouveau une rivière. Même aujourd'hui, tu as le nom que tu portes parce que tu ne sais pas ce qui en toi est la partie essentielle.

Quand il entendit cela, certains échos commencèrent à surgir dans la pensée du cours d'eau. Confusément, il se souvint d'un état où il – ou était-ce une partie de lui ? – était tenu dans les bras du vent. Il se rappela aussi – était-ce lui ? – que c'était vraiment la chose à faire, même si ce n'était pas vraiment évident.

Et le ruisseau laissa ses vapeurs s'élever dans les bras accueillants du vent qui, sans effort, l'emporta doucement au loin, pour le laisser retomber dès qu'ils eurent atteint le sommet d'une montagne, bien des kilomètres plus loin.

Et parce qu'il avait eu des doutes, le ruisseau fut capable de se souvenir, et de graver plus profondément dans son esprit les détails de l'expérience.

Il réfléchit : — Oui, maintenant, j'ai appris ce qu'est ma véritable identité.

Le ruisseau était en train d'apprendre.

Et les sables se mirent à murmurer : — Nous savons, parce que nous voyons cela se produire jour après jour ; et parce que nous, les sables, nous nous étendons partout, des bords de la rivière jusqu'à la montagne.

Et c'est pourquoi il est dit, que le cours de la vie, dans son cheminement, est inscrit dans les sables.

Discours de la série
« The wisdom of the sands »
donné le 21 février 1975 à l'Ashram de Poona par Osho.

Les visualisations

1. *La Chrysalide*

Il existe de nombreux exercices de visualisation qui peuvent être utiles pour accompagner le processus de deuil. Parmi elles, la visualisation de la chrysalide a souvent été très appréciée par les personnes qui l'ont pratiquée.

Pour profiter de l'effet de cet exercice, il est recommandé de choisir un moment où l'on ne sera pas dérangé, de s'installer confortablement dans un fauteuil ou sur un lit et d'écouter une cassette que l'on aura enregistrée au préalable en lisant lentement la visualisation suivante et en marquant des temps d'arrêt là où il y a des points de suspension :

«Je deviens conscient de ma respiration..., j'inspire... et j'expire...lentement et profondément... Je prends conscience qu'à chaque inspiration, j'amène de l'oxygène dans mes poumons et que cet oxygène contribue à nourrir chacune de mes cellules et à détendre tout ce qui en moi pourrait être contracté... Je prends conscience qu'à chaque expiration, je laisse partir le gaz carbonique vers l'extérieur et que je prépare mes poumons à recevoir l'oxygène...

Je continue ce processus pendant quelques instants... Tout mon corps se détend, je suis calme, paisible...

Dans cet état de détente, j'imagine un bel arbre au printemps dans un beau paysage... J'imagine ensuite que je suis une chenille sur une haute branche de cet arbre... J'avance à la manière des chenilles sur cette branche, jusqu'au moment où je trouve un endroit protégé... Là, je décide de former un cocon... Je m'enveloppe avec des fils jusqu'à disparaître de la vue de ceux qui m'observent. Je suis dans ce cocon..., j'imagine que ce cocon représente toute la tristesse, toute la peine que je viens de vivre à travers le deuil qui m'a frappé... Je réalise que je suis enfermé dans cette chaude moiteur et que la lumière ne peut pas m'atteindre, je suis seul dans ce cocon...

Pour un moment, je reste dans ce cocon, j'accueille les émotions que peut-être je ressens en ce moment...

Je prends conscience que quelque chose de mystérieux est en train de se passer à l'intérieur de moi... Un travail se fait..., cette souffrance, qui est la mienne me transforme lentement... J'apprivoise cette obscurité et je l'accepte car je sais qu'elle n'est qu'une étape sur le chemin de la guérison...

Soudain, une petite fissure se produit à l'un des bouts du cocon..., un rayon de lumière pénètre dans mon cocon…, je décide d'agrandir ce trou et de laisser passer plus de soleil, petit à petit le cocon s'ouvre et péniblement, je m'en extrais… et me trouve à nouveau sur ma branche…, je tente de ramper à nouveau, mais rien n'est plus pareil, je suis autre, je suis totalement autre, je réalise que je ne suis plus une chenille, je suis un papillon, j'ai des ailes, je suis multicolore…

Comment continuer ?… Je décide de lâcher-prise, de me laisser emporter par la brise et je réalise que je peux voler, aller et venir, monter et descendre, je peux me poser sur un arbre ou sur une fleur, je peux vivre… autrement…

Pour un moment, j'explore ce nouvel état d'être… Puis, je reprends contact avec ma respiration… j'inspire…, j'expire… et prends conscience de mon corps détendu… Doucement, j'intensifie un peu ma respiration, je bouge les doigts, les orteils, je m'étire comme je le fais le matin en me réveillant et à mon rythme, j'ouvre les yeux et revient à l'état de veille, en pleine forme.

2. *La figure huit*

Cet exercice est proposé par Phyllis Krystal, dans son livre *Visualiser* ainsi que dans son livre *La Vie Ouverte* (Ed. Souffle d'Or). Il s'agit-là d'un moyen de diminuer certains liens émotionnels et ceci peut être très utile dans une situation de deuil qui évolue difficilement. Voici les consignes telles qu'elles sont données par Phyllis Krystal :

Pratiquer la Figure Huit :

1. Imaginez-vous assis ou debout au centre d'un cercle de lumière dorée sur le sol, à vos pieds. Le rayon du cercle a la longueur de votre bras tendu, doigts compris.

2. Visualisez un autre cercle de lumière dorée d'à peu près la même taille, juste en face de vous, touchant votre

cercle mais sans le chevaucher. Dans ce second cercle, placez la personne avec laquelle vous voulez briser les liens ou un symbole la représentant.

3. En partant du point où les deux cercles se touchent, visualisez une lumière bleue néon circulant dans le sens des aiguilles d'une montre autour du cercle opposé.

4. Faites-la ensuite contourner votre propre cercle par la gauche, derrière vous puis sur votre droite pour rejoindre le point de contact des deux cercles, décrivant ainsi un Huit.

5. Continuez à visualiser ce Huit de lumière bleu néon pendant deux minutes, et refaites l'exercice matin et soir lorsque vous vous préparez à briser des liens, ou simplement à tout moment de la journée lorsque vous sentez que vous cherchez à contrôler quelqu'un ou que vous, vous subissez une emprise quelconque.

Les productions artistiques

La musique, la sculpture, la peinture peuvent être des expressions précieuses pour le vécu du deuil. Les exemples sont nombreux ! Combien de chants, d'œuvres instrumentales, de peintures extraordinaires ont été créées avec l'énergie des émotions libérées lors d'un deuil.

Même lorsqu'une personne n'a pas pratiqué la création artistique auparavant, la crise du deuil peut être un moment favorable pour tenter quelque chose de nouveau, pour trouver des moyens différents de s'exprimer. La peinture, entre autres, est un moyen de fixer sur la toile les ressentis successifs du deuil.

Les trois exemples qui suivent sont un exemple de ce chemin…

La tempête intérieure fait rage, c'est l'obscurité.
Une lumière apparaît et tout doucement les vagues se calment.

Les vagues sont encore présentes, mais un nouveau jour se lève.

Pages 114-115 : peintures en couleur de A. M. Dimon.

Le service d'autrui comme aspect du processus de guérison

Le processus de deuil est un cheminement, nous l'avons souligné à plusieurs reprises. Il s'agit d'un parcours de convalescence, d'un parcours de guérison. Fréquemment, le début de ce processus est si douloureux que ceux qui l'abordent cherchent à s'y dérober. L'activisme, même s'il est à but social et bénévole peut être une forme de déni, une forme de fuite.

Quelques mois sont nécessaires pour permettre une première cicatrisation émotionnelle. Ce n'est qu'ensuite que l'endeuillé est prêt à s'investir dans le service d'autrui d'une manière saine.

Au bout de six mois à deux ans, selon les situations et les circonstances, celui qui a passé par le deuil a retrouvé assez de forces et de motivations pour être ouvert au don de son temps et de son énergie aux autres.

L'expérience traversée a permis des interrogations fondamentales et de nombreux endeuillés tiennent à ce que leur vie trouve un autre sens, une autre dimension. C'est parfois le service d'autres endeuillés qui semble primordial, d'autres fois c'est une cause en rapport avec ce qui a provoqué la mort de l'être aimé : lutte contre les chauffards, lutte contre le cancer et le Sida, prévention du suicide ou toute autre cause valable.

Les parents d'un enfant décédé à 6 ans d'une leucémie décidèrent que, n'ayant pu amener ce petit être à l'âge adulte, ils consacreraient leurs forces et leurs ressources à permettre à des orphelins du tiers-monde d'avoir des soins médicaux, une nourriture suffisante et une scolarité décente.

Quelle que soit l'activité de service, il est certain qu'elle peut donner un nouveau sens à la vie de celui ou de celle qui se remet d'un deuil important.

Approches de soins complémentaires permettant d'aider une personne en deuil

L'expérience du deuil peut être si brutale ou si intense que l'endeuillé souffre dans ses dimensions physiques, psychologiques, énergétiques et spirituelles tout à la fois.

Les approches complémentaires de soins peuvent être utiles à ce moment-là.

L'annonce du deuil

Le choc que peut représenter la nouvelle de la mort d'un proche peut être atténué sur le plan de la réaction de son organisme par deux moyens entre autres :

1) L'homéopathie

A l'annonce d'une mauvaise nouvelle, on peut prendre une dose d'ARNICA 30 CH et renouveler la dose toutes les douze heures environ durant deux à trois jours.

Dans les heures qui suivent l'annonce du décès, si l'endeuillé fond en larmes à chaque manifestation de compassion et qu'il s'en trouve gêné, la préparation NATRUM MURIATICUM agit bénéfiquement. La posologie est de trois prises par jour, pendant trois semaines environ.

Si à mesure que les jours passent l'endeuillé devient dépressif et apathique, ACONIT PHOSPHORUS (trois prises par jour pendant trois semaines) peut soulager.

Si au contraire, la personne manifeste de l'irritabilité ou de l'agressivité et qu'elle en est gênée, NUX VOMICA (trois prises par jour pendant trois semaines) peut être utile.

2) Les élixirs de fleurs de Bach

Il existe une combinaison de cinq élixirs particulièrement utiles en cas de choc, de mauvaise nouvelle, d'accident qui se nomme RESCUE REMEDY.

On prend trois gouttes de RESCUE REMEDY dans un verre d'eau qu'on boit à petites gorgées, d'abord à intervalles fréquents, puis toutes les demi-heures pendant quelques heures.

Le Dr Bach, qui a découvert les élixirs de fleurs, recommandait d'employer ce remède dans toutes les situations d'urgence, car disait-il : « Cette préparation ne peut faire aucun mal et permet à celui qui l'emploie de retrouver le calme et la confiance ».

Durant le processus de deuil

1) L'aromathérapie

L'endeuillé peut bénéficier de l'action de certaines huiles essentielles dans le moment difficile qu'il traverse. N'importe laquelle des huiles suivantes en inhalation se révèle très aidante :

- Camomille romaine
- Sauge officinale
- Cyprès
- Lavande

– Thym
– Clou de girofle

Mettre une ou deux gouttes sur une petite compresse et inhaler pendant quatre à cinq minutes.

2) Les élixirs de Bach
Il existe des élixirs spécialement utiles pour une personne endeuillée qui ressent du découragement ou même du désespoir, citons : « Pomme sauvage », « Mélèze », « Chêne », « Pin », « Étoile de Bethléhem », « Châtaignier ».

Prendre entre trois et cinq gouttes d'une préparation contenant un ou plusieurs de ces élixirs trois fois par jour au minimum.

3) La phytothérapie
Voici les tisanes recommandées lorsque la personne en deuil éprouve une grande fatigue :
— Citronnelle : fleurs et sommités fleuries en infusion à raison de 20 g par litre d'eau. Laissez reposer 10 minutes et boire trois tasses par jour.
— Romarin : fleurs et feuilles en infusion à raison de 40 g par litre d'eau. Laissez reposer 15 minutes et boire trois tasses par jour avec un tout petit peu de Gelée Royale.
— Sauge : feuilles en infusion de 30 g par litre d'eau. Laissez reposer 20 minutes et boire trois tasses par jour.
— Bourrache et Verveine : l'une ou l'autre en infusion et boire une ou deux tasses par jour.

Le guérisseur, André Besson, propose à ses patients manifestant de la tristesse, un refus de lutter et du découragement :

En tisane (1 cuillerée à soupe par tasse, infuser 15 minutes, boire 2 tasses par jour)
— Centaurée (sommités), 20 g
— Oranger (feuilles), 15 g
— Camomille, 10 g
— Gentiane, 10 g
— Valériane, 10 g
— Aubépine, 10 g
— Genêts à balais, 20 g
— Menthe (feuilles), 5 g

En bain (décoction, faire bouillir 2 minutes, infuser 20 minutes)
— Acore vraie, 10 g
— Lavande (fleurs), 10 g
— Camomille (fleurs), 10 g
— Cassis (feuilles), 10 g
— Valériane (racines), 30 g
— Oranger (feuilles et fleurs), 25 g
— Chélidoine (plante), 5 g

Pour un bain du corps entier

Des huiles essentielles contribuent aussi à diminuer les sentiments d'angoisse qui peuvent se présenter lors du processus de deuil. Elles s'utilisent dans l'eau du bain : c'est le cas du tilleul, de la lavande, de la verveine et de la fleur d'oranger.

Les oligo-éléments

Le lithium, en ampoule, à raison d'une ampoule le matin agit sur la vie émotionnelle en l'harmonisant.

Parmi les autres approches diverses utiles pour traverser la crise que représente le deuil, citons :

— l'apport de vitamine C

— le chocolat

— un ou deux verres par jour de très bon Bordeaux ou de Blanquette de Limoux avec les repas.

Bien entendu que les massages, la réflexologie, la kinésiologie, le Reiki, l'harmonisation du champ énergétique, toutes ces approches sont utiles. Elles doivent correspondre à la personne, à ce qu'elle accepte, à ce qui peut lui faire du bien.

Le processus de deuil est un chemin ardu. Tout ce qui peut faciliter ce parcours doit être proposé aux endeuillés.

Les différentes possibilités d'aide aux endeuillés

Toute personne qui passe par un deuil n'a pas forcément besoin d'une aide extérieure. Lorsque le tissu familial est de bonne qualité, que l'écoute, le support et l'entraide existent à l'intérieur d'une famille, d'une communauté, lorsque les choses ont été dites et que des rites funéraires appropriés ont été pratiqués, dans la plupart des cas, le travail de deuil peut se faire sans trop de problèmes.

Cette situation, malheureusement, n'est pas la plus fréquente. Les familles nucléaires ont remplacé les grandes familles, la mobilité géographique a contribué à rendre parfois très ténues les relations entre parents âgés et enfants adultes, entre frères et sœurs, oncles et tantes, neveux et nièces.

Dans les villes, de nombreuses personnes endeuillées sont tout à fait seules pour vivre cette crise importante de leur existence.

Parfois aussi, les survivants sont particulièrement vulnérables à cause des circonstances du décès : suicide, homicide, Sida, ou encore catastrophe qui produit plusieurs deuils à la fois ; ou encore, ils ne disposent pas des compétences psychologiques nécessaires pour faire face à cet événement.

C'est pourquoi, forts des résultats de recherches menées à bien ces dernières années dans différents pays, des médecins, des infirmiers, des assistants sociaux et des psychologues ont tenté de créer des structures en vue d'accompagner les personnes qui n'ont aucun support ou pas de support adéquat. Des groupes d'endeuillés ont été créés par différentes unités de soins palliatifs; des médecins et des soignants offrent des entretiens d'aide permettant à ceux qui le désirent de parler de ce qu'ils vivent, de la perte qu'ils ont subie et de la manière dont ils y font face.

Comment fonctionnent ces groupes ?

Ceux que nous avons connus et animés se faisaient sur dix semaines, à raison d'une fin d'après-midi par semaine. Chaque rencontre avait un thème particulier tel que:

— parler de ce qui est arrivé; les circonstances de la mort;
— aborder le sujet de l'enterrement ou du service du souvenir;
— comprendre le processus de deuil et voir les moments difficiles de ce processus: la déprime, la culpabilité, la colère, l'angoisse;
— identifier les supports possibles et se donner le droit de demander;
— échanger à propos de la solitude, de l'absence et de ce qui peut être fait;
— envisager l'avenir, les moments difficiles à prévoir tels que les fêtes, les vacances, l'anniversaire du décédé;
— accepter, rechercher la signification: qu'est-ce que cela veut dire ?

Des psychothérapeutes ou soignants spécialement formés en Gestalt et dans le domaine du deuil et de la séparation offrent des ateliers ou sessions destinés à ceux qui, pour une raison ou une autre, n'ont pas pu vivre les émotions liées à un deuil ou à une perte.

Dans ces groupes, des exercices divers sont proposés, dont le but est de faciliter l'expression des émotions liées à la perte et de permettre à la personne endeuillée de mettre ou de remettre en route le processus de deuil en apprenant à s'accepter avec son rythme et sa problématique propre. La possibilité de dire *adieu* à la personne décédée est l'un des aspects-clés de ces ateliers qui enclenche le processus de cicatrisation. Pour des personnes qui ont dû vivre seules l'événement du deuil, le support qu'elles trouvent dans le groupe est en lui-même un élément de guérison.

Le deuxième type d'accompagnement est celui qui est offert par des bénévoles qui se préparent à ce rôle. Parmi elles, certaines ont passé par le deuil ; c'est le cas dans le cadre d'une association très connue dans les pays anglo-saxons et dont on pourrait traduire le nom par : de veuve à veuve ou de veuf à veuf (*widow to widow*).

En général, le bénévole a passé par cette expérience, il est plus avancé dans son cheminement de deuil et il est capable d'apporter beaucoup à une personne qui vient de perdre son conjoint. Dans d'autres cas, il s'agit de bénévoles qui se sentent particulièrement attirés par ce travail auprès des endeuillés mais qui n'ont pas eu la même expérience que ceux qu'ils aident.

Le troisième type d'accompagnement consiste en des groupes d'entraide pour personnes ayant passé par le même drame, par exemple des groupes de parents ayant perdu un enfant comme l'Association Arc-en-Ciel en Suisse, ou la Fraternité Jonathan Pierres Vivantes en France et en Belgique. La différence entre ces deux associations est que Arc-en-Ciel n'est rattachée à aucune religion en particulier alors que Jonathan

Pierres Vivantes émane du catholicisme romain (voir liste des adresses dans les annexes de ce livre).

Depuis quelques années, les initiatives d'intervention à l'égard des endeuillés fleurissent et dans chaque communauté, en s'adressant au bureau des affaires sociales de la ville ou du village, il est possible d'être informé de ce qui se fait pour l'accompagnement des personnes passant par le deuil.

Croître à travers un deuil?

Passer par le deuil, c'est perdre, c'est souffrir, c'est connaître le fond de l'abîme, c'est parfois connaître l'agonie. Nous savons tous cela ! Cette dimension nous est familière.
Ce que nous oublions souvent, c'est que traverser le deuil, c'est aussi croître, c'est aussi gagner quelque chose d'essentiel.

On ne peut pas réaliser cela dans les premiers mois qui suivent un deuil ; la tristesse, l'absence, l'impression de vide semblent devoir être là définitivement. En effet, plusieurs mois, parfois plusieurs années sont nécessaires au travail de deuil. Il y a des hauts et des bas qui se succèdent et qui semblent ne pas vouloir s'arrêter ; puis un jour, une paix nouvelle s'installe. L'endeuillé comprend alors que la douleur a fait place à la sérénité, qu'il est possible de penser à l'absent sans que cela soit douloureux.

Nous avons vraiment touché du doigt ce que cette croissance après un deuil signifie à travers nos propres expériences de deuil et à travers les dizaines de sessions de deuil et séparation que nous avons animées.

1) *Croître signifie changer de regard par rapport aux choses de la vie.*
Le départ d'un être aimé recentre sur l'essentiel. On réalise tout à coup que toutes les préoccupations matérielles auxquelles il arrive de donner une importance démesurée sont en fait dérisoires. L'essentiel, c'est la qualité de la vie, la qualité de la communication, la qualité de la relation. L'essentiel, c'est l'amour partagé, la conscience de l'instant.

2) *Croître signifie acquérir un respect toujours plus grand pour la vie dans toutes ses manifestations.*
La nature, les animaux, les humains partagent ce don extraordinairement précieux qu'est la vie. Cette vie doit être protégée par tous les moyens.

3) *Croître signifie encore prendre conscience de l'importance de l'amour comme dynamique fondamentale de la vie*
Le deuil permet de réaliser que c'est bien la réalité la plus fondamentale qui existe.

4) *Croître, c'est aussi accepter la réalité de la mort dans la vie*, c'est savoir que le temps de la vie est limité et que nous sommes appelés à lui donner un sens, une signification.

5) *Croître, c'est enfin comprendre que l'être humain est un être spirituel*, qu'il a des besoins spirituels et que ceux-ci sont souvent négligés. La prise de conscience de la dimension de la transcendance dans nos vies est aussi un des effets de la croissance que peut permettre le deuil.

La croissance à travers le processus de deuil amène parfois à découvrir une signification à l'expérience vécue. Cette signification amène avec elle un engagement renouvelé et quotidien de vivre l'instant présent dans la plus grande conscience possible.

Une histoire de Tolstoï illustre bien cette dimension de croissance qui peut avoir lieu à travers les affres du deuil.

> Un empereur d'un pays lointain était très tourmenté, car il ne trouvait pas la réponse à trois questions qui, lui semblait-il, pourraient l'aider à ne jamais s'éloigner du bon chemin. Ces trois questions étaient:
> — Quel est le meilleur moment pour chaque chose?
> — Quelles sont les personnes les plus importantes dans tout travail?

— Quelle est la plus importante chose à faire à tout moment ?

Il promulgua donc un décret dans tout son empire annonçant que quiconque pourrait répondre à ces trois questions recevrait une très grosse somme d'argent. De très nombreux sages et philosophes se rendirent au palais de l'empereur, mais aucun d'entre eux n'avait de réponses satisfaisantes.

L'empereur perdait patience et sur le conseil d'un de ses gardes, il décida de se rendre chez un ermite qui vivait retiré dans la montagne et qui était connu pour sa grande sagesse. L'empereur savait que l'ermite ne quittait jamais sa montagne et qu'il ne recevait que les gens pauvres. L'empereur se déguisa donc en paysan et demanda à son escorte de l'attendre au pied de la montagne alors qu'il allait voir l'ermite.

En arrivant à l'ermitage, il aperçut le vieux sage en train de bêcher son jardin ; il haletait à chaque fois qu'il enfonçait la bêche et il semblait se sentir mal à chaque instant. L'empereur s'approcha du vieillard et lui indiqua les trois questions pour lesquelles il cherchait une réponse. L'ermite écouta attentivement, puis se remit à bêcher. L'empereur lui dit alors : « Mais vous devez être fatigué, laissez-moi vous donner un coup de main. »

Il se mit à bêcher. Deux heures passèrent, puis trois, puis quatre, finalement le soleil disparut derrière la montagne. A ce moment, un homme arriva vers eux, courant de manière désordonnée. Il gémissait et du sang coulait de sa poitrine. Il s'affaissa sans connaissance près d'eux. Le monarque nettoya sa plaie, prit sa propre chemise pour panser la blessure. Finalement, l'homme blessé reprit connaissance et demanda un peu d'eau. L'empereur courut jusqu'au puits et tira un seau d'eau fraîche. Comme la nuit était tombée, l'ermite et l'empereur portèrent l'étranger dans la hutte et l'allongèrent sur le lit. Là, il s'endormit.

Le souverain, épuisé par sa longue journée, s'assoupit aussi. Quand il se réveilla, le soleil était déjà haut dans le ciel. Il rencontra le regard de l'étranger allongé sur le lit, celui-ci murmura :

— Je vous prie de me pardonner !

— Mais qu'avez-vous donc fait qui mérite d'être pardonné ? demanda l'empereur.

— Vous ne me connaissez pas, mais moi je vous connais. J'étais votre ennemi juré et j'avais fait le vœu de me venger car lors de la dernière guerre, vous avez tué mon frère et fait saisir mes biens. Quand j'ai appris que vous veniez seul dans cette montagne, j'ai décidé de vous tendre une embuscade. J'ai attendu longtemps ; ne vous voyant pas venir, j'ai quitté ma cachette pour vous trouver. C'est alors que votre escorte m'a aperçu et a tenté de me tuer. Si je ne vous avais pas trouvé je serais sûrement mort à l'heure qu'il est. J'éprouve une reconnaissance infinie et fais le vœu de vous servir, moi et ma famille, jusqu'à mon dernier souffle. Accordez-moi votre pardon, Majesté !

L'empereur était heureux de voir avec quelle facilité il s'était réconcilié avec son vieil ennemi. Non seulement, il lui pardonna, mais lui promit de lui rendre ses biens. Après avoir donné l'ordre à son escorte de ramener l'homme chez lui, il revint voir l'ermite et lui dit qu'il désirait vivement avoir la réponse à ses trois questions.

Le vieux sage se leva et le regarda : « Mais vous avez déjà la réponse à ces questions. Hier, si vous ne m'aviez pas aidé, vous auriez été attaqué par votre ennemi sur le chemin du retour. Vous auriez alors profondément regretté de n'être pas resté chez moi. Ainsi, le moment le plus important était celui passé à bêcher le jardin, la personne la plus importante était moi-même et la chose la plus importante était de m'aider.

Ensuite lorsque l'étranger est arrivé, le moment le plus important était celui que vous avez passé à soigner sa plaie. Si vous ne l'aviez pas fait, il serait mort et vous auriez manqué une occasion de vous réconcilier avec un ennemi. Cet homme était la personne la plus importante et le soigner était la chose la plus importante à faire.

Souvenez-vous de ceci : il n'existe qu'un seul moment important ; *c'est maintenant*, car c'est le seul moment sur lequel nous pouvons exercer notre influence. La personne la plus importante est toujours la personne avec qui vous êtes, celle qui est en face de vous. La tâche la plus importante, c'est de contribuer à ce que cette personne en face de vous soit heureuse, car cela seul est la recherche de la vie.

La traversée du désert que représente un deuil peut parfois permettre de reconnaître la grande sagesse qu'il y a à vivre l'instant présent avec intensité, à considérer comme essentielle la relation avec ceux qui nous entourent et à chercher à les servir avec compassion.

Croître, c'est probablement cela…

Questions et réponses à propos du deuil

Au long des années d'accompagnement d'endeuillés, certaines questions nous ont été fréquemment posées. Certaines d'entre elles sont évoquées au fil des chapitres de ce petit ouvrage, d'autres non. Nous les proposons ici avec des réponses qui peuvent être utiles à ceux qui traversent l'expérience du deuil.

Comment annoncer la mort d'un proche à son entourage ?

Si possible de personne à personne plutôt que par téléphone, en disant par exemple : « J'ai une mauvaise nouvelle à vous annoncer, votre mari est décédé ». Cela ne sert à rien de tourner autour du pot, cela contribue à augmenter l'angoisse.

La réaction de la personne ou des personnes peut varier. Parfois, il s'agit d'un silence total, comme si l'endeuillé était en état de choc, plus souvent, des paroles telles que « ce n'est pas vrai ! », « ce n'est pas possible ! » sont prononcées. Des cris, des gémissements sont aussi possibles.

L'essentiel pour celui qui doit annoncer la nouvelle est de s'attendre à une réaction sans préjuger de ce qu'elle va être, de comprendre que sa présence est la chose la plus importante, mais que certaines personnes préfèrent aussi rester seules avec leur chagrin.

S'il n'y a pas d'autres moyens que d'annoncer le décès par téléphone, il vaut la peine de voir si quelqu'un dans l'entourage est disponible pour être avec l'endeuillé, s'il le souhaite, dans les moments qui suivent.

Lorsque le décès était prévisible, le choc est, en général, moins grand, mais de toute manière il s'agit d'un moment difficile et celui qui annonce un décès doit être capable d'empathie, de compassion. Des années plus tard, ceux qui ont appris le décès d'un proche par une tierce personne peuvent dire exactement comment cela s'est passé et parfois la froideur ou la maladresse ont clairement augmenté leur souffrance.

Faut-il voir le corps d'une personne décédée subitement ou, au contraire, garder l'image du défunt tel qu'il était, plein de vie ?

Les personnes qui ont une longue expérience de l'accompagnement des endeuillés sont formelles : la vue du corps, si pénible soit-elle, facilite la prise de conscience de la réalité du deuil. Elle permet l'expression d'émotions ; il est possible de toucher ce corps, peut-être de l'embrasser, de s'immerger dans cette réalité : celui ou celle que j'aime est mort.

L'image que l'on gardera du défunt sera *une* image parmi d'autres de cette personne ; le plus souvent, la paix, la détente marquées sur son visage seront bienfaisantes à voir pour les survivants.

En ce qui concerne les enfants, dès qu'ils le demandent, il est recommandé de les emmener voir le corps. L'essentiel est qu'ils soient accompagnés par une personne calme et équilibrée, même si cette personne éprouve du chagrin et le manifeste. Il est aussi essentiel de ne pas forcer l'enfant à toucher le corps ou à embrasser le défunt. A son rythme, s'il se sent en sécurité, il fera ce qu'il désire faire pour ce dernier adieu. L'enfant naturellement n'a pas peur, c'est souvent la peur des adultes qu'il capte et qu'il manifeste.

Bien entouré et soutenu, cette expérience peut être très fondamentale pour lui.

Faut-il emmener un enfant au service funèbre ?

Oui, dès qu'il peut participer à un tel événement, dès 4 à 5 ans selon les enfants. Il est recommandé de prévoir une personne qui s'occupe de lui et sorte avec lui, avant la fin du service si nécessaire.

Quelque soit le temps passé par l'enfant avec le reste de la famille dans l'église ou au cimetière, il aura vu, il aura été là et ne se sentira pas exclu.

Que penser des enterrements dans la plus stricte intimité ?

Il arrive que ce soit le vœu du défunt ou encore que des circonstances particulières amènent à choisir cette démarche. Dans la plupart des cas, la famille étendue, les amis, la communauté se voient priver des rites qui facilitent le cheminement de deuil et c'est toujours très dommage.

Les rites ont un effet guérissant dont les survivants sont ainsi privés.

C'est par une information donnée largement que les personnes en fin de vie comprendront mieux quels sont les problèmes liés à ce type d'enterrement ou d'incinération.

Que dire à une personne en deuil lorsqu'on la rencontre pour la première fois après le décès ?

Tout dépend de la relation qui existe avec elle. Ce ne sont pas les mots prononcés qui sont le plus important, mais bien l'attitude, la chaleur humaine, l'affection.

Dire simplement : « J'ai pensé très fort à vous, ou à toi, et je voulais vous/te dire toute ma sympathie ». « Je voudrais vous exprimer toutes mes condoléances, je suis en pensée avec vous ».

Évitez surtout : « Je vous comprends, je suis aussi passé par là », ou encore : « Il est plus heureux là où il est », « Elle a fini de souffrir ».

Chaque décès survient dans un contexte donné, extrêmement complexe du point de vue psycho-socio-culturel et plus on reste ouvert et centré sur l'endeuillé plutôt que sur la personne décédée, mieux cela vaut.

Offrir des fleurs et des couronnes, n'est-ce pas une perte d'argent qui serait plus utile à une bonne œuvre ?

Ces dernières années, la question des fleurs s'est posée plus fréquemment pour les endeuillés. Faut-il accepter ces témoignages d'amitié et d'affection ou n'est-il pas plus utile de demander à la famille et aux amis de donner de l'argent à une œuvre choisie par le défunt ou ses proches ? Nous avons parlé de cela avec de très nombreux endeuillés lors de nos interviews.

La question posée était : « Qu'est-ce qui a été significatif pour vous dans la manière dont le service funèbre et l'ensevelissement de votre proche s'est déroulé ? »

L'importance des fleurs est revenue dans quatre-vingts pour cent des cas. Oui, les fleurs se fanent rapidement, oui, elles coûtent cher. Cependant, elles sont importantes en terme du témoignage qu'elles représentent. Elles sont un signe visible de l'amour, de l'amitié, du respect éprouvé par tous ceux qui ont été touchés d'une manière ou d'une autre, par la vie du défunt. Elles sont une offrande faite à celui qui est parti. Dans d'autres cultures, on offre de la nourriture, de l'argent; ici on offre des fleurs. Pourquoi abandonner aussi ce rite? L'idéal serait peut-être de donner le choix aux personnes concernées: des fleurs ou une donation, mais en tout cas de se souvenir que les fleurs sont là pour dire: «Je vous aime, je suis avec vous, je suis concerné par cet événement».

Que faut-il faire lorsqu'on ne désire pas un service religieux?

Il existe de multiples moyens de rendre hommage à une personne qui est décédée. Des poèmes et des textes significatifs peuvent être lus, des extraits de musique aimée par le défunt peuvent être écoutés.

On peut parler de la personne décédée, de ce qu'elle était; ses proches peuvent la remercier pour ce qu'elle leur a apporté, quelqu'un peut chanter, il peut y avoir un lâcher de ballons blancs ou un moment de méditation en silence. Tout est possible et plus le service est en accord avec le souvenir de la personne décédée, plus il est significatif. Comme le disait un homme en fin de vie:

> «Le service funèbre est le point d'orgue de la symphonie de ma vie, il vaut la peine de bien la préparer».

Pourquoi est-il important de pleurer après le décès d'un proche ?

De l'avis de nombreux endeuillés, la possibilité de pleurer, même de sangloter permet une forme de lâcher-prise. C'est l'expression de cette douleur profonde causée par la réalisation qu'il n'y aura plus jamais la présence réelle de la personne aimée, que quelque chose d'irrémédiable a eu lieu, que dorénavant il y aura un *avant* cet événement et un *après*.

Lors de sanglots, la respiration devient très profonde et elle permet une grande relaxation. « Hier, j'ai pleuré toute la soirée, j'étais exténué, mais aujourd'hui je me sens beaucoup mieux ! » C'est l'expérience vécue par de nombreux endeuillés.

Quelles sont les périodes les plus pénibles après un deuil ?

Le troisième mois après la mort d'un être aimé est l'un des moments les plus difficiles. La réalité est présente dans toute son intensité.

Le sixième mois est aussi une période où le deuil est particulièrement lourd, puis l'anniversaire de la mort, ainsi que toutes les fêtes, vacances où l'absence se fait plus cruellement sentir.

Pour des raisons inconnues, le dix-huitième mois après le décès voit souvent réapparaître une profonde tristesse. Il s'agit d'un phénomène normal qui, loin d'être inquiétant, annonce plutôt la fin du tunnel.

Y a-t-il des risques de tomber malade physiquement après un deuil important ?

Oui, il a été prouvé que le système immunologique de la personne passant par le deuil était moins performant durant les deux mois qui suivent l'événement. Ceci explique les rhumes, grippes, angines et autres infections qui se produisent chez de nombreux endeuillés.

Certains chirurgiens déconseillent à leurs clients de subir une opération qui n'a pas un caractère d'urgence durant les deux mois qui suivent un deuil.

Pour le Dr Glen Davidson, médecin américain spécialisé dans l'accompagnement des endeuillés, des précautions peuvent être prises pour garder une bonne santé physique :

1) Trouver du support émotionnel ;
2) Veiller à bien se nourrir ;
3) Boire beaucoup d'eau ;
4) Prendre de l'exercice (marcher 30 à 40 minutes par jour) ;
5) Dormir suffisamment.

Que faire avec les affaires de la personne décédée ?

Chaque situation est un peu différente. Il ressort cependant les points suivants de nos accompagnements d'endeuillés :

S'il n'y a pas d'urgence, il est conseillé de ne pas se défaire trop rapidement des affaires personnelles du défunt et surtout de ne pas procéder à des actes importants dans les premières semaines tels que vendre la maison, donner un animal domestique, changer de région. Le temps si pénible qui suit le deuil embue un peu la vision réaliste de la situation et les décisions prises trop vite sont parfois amèrement regrettées plus tard.

Certains endeuillés ont trouvé utile de ranger les affaires de la personne décédée dans des cartons, de garder tout cela quelques semaines ou quelques mois et de décider ensuite avec plus de réalisme.

Quels moyens employer pour lâcher-prise de tous les regrets, de tous les « si seulement » éprouvés concernant le défunt et les circonstances de sa mort ?

Selon les croyances de l'endeuillé, plusieurs moyens existent :

— la prière en est un. Remettre à Dieu tout ce qui s'est passé et Lui demander Son pardon et Sa bénédiction ;

— la confession et l'absolution donnée par un prêtre en est un autre ;

— une lettre écrite au défunt lui expliquant tout ce qu'on aurait aimé faire et que les circonstances n'ont pas permis que l'on fasse à son égard. Lettre que l'on brûle ensuite ;

— une visualisation que l'on enregistre sur cassette préalablement et que l'on écoute ensuite en état de relaxation et dont voici un exemple : (chaque fois qu'il y a trois points, faire un arrêt de trois à quatre secondes).

« Je m'installe sur un lit ou dans un fauteuil... mes pieds bien à plat sur le sol si je suis dans un fauteuil... J'inspire et j'expire lentement et profondément... Je prends conscience de ce flux d'air qui sort de mon corps à chaque expiration... Je continue à inspirer et à expirer en étant conscient de ce mouvement en moi... Une sensation de calme, de bien-être se répand en moi... Je suis calme, détendu... calme et détendu...

J'imagine que je me promène dans une très belle forêt… Je sens l'odeur des arbres… j'entends le chant des oiseaux… je sens la brise sur ma peau… J'admire les différentes couleurs vertes et la lumière du soleil qui passe à travers les feuilles… Je vois un écriteau portant le mot *grotte* et je prends le sentier qui va dans cette direction. Ce sentier descend doucement… et m'amène jusqu'à la grotte… j'entre dans cette grotte qui est éclairée par une ouverture dans le plafond… petit à petit mes yeux s'habituent à cette semi-obscurité… J'aperçois bientôt un petit coffre de la grandeur d'un carton à chaussures… Ce coffre attire mon regard… je réalise qu'il m'appartient et qu'il contient tous mes regrets, tous les *si seulement*…

Je prends ce coffre avec moi, je ressors de la grotte et marche dans la forêt… J'arrive à la lisière de la forêt et alors que j'ouvre le petit coffre et considère son contenu… je vois un homme qui s'approche de moi… c'est un homme âgé au visage buriné… qui a l'air sage et bon… il me sourit et tend sa main… Je sais, à l'intérieur de moi, qu'il est venu chercher mon coffre… Je referme alors ce coffre et le lui tends… Il le prend… me fait un signe de la main, ses yeux rencontrent les miens et sans qu'aucune parole ne soit échangée, je sais que tout est bien et que tous mes regrets vont être emportés par ce messager… Celui-ci me sourit à nouveau et s'en va avec le coffre… Un immense sentiment de soulagement m'envahit… un poids est enlevé de ma poitrine…

Je prends conscience des rayons du soleil sur mon dos, je marche allègrement dans cette belle prairie et je sens tout au fond de moi ce goût de vivre qui est bien présent, j'entre en contact avec lui et une grande sérénité… se répand en moi…

A mon rythme, très doucement, je me centre à nouveau sur ma respiration… consciemment, j'inspire et j'expire… je bouge doucement les doigts et les orteils… et m'étire comme je le fais le matin en me réveillant, et je suis alerte et éveillée, en pleine forme pour continuer ma journée».

Conclusion

Jean Debruynne écrit :

La mort n'est donc toujours
que la mort de l'autre.
Nous ne mourrons
pour ainsi dire
que par personne interposée.
C'est toujours sur l'autre
que nous imaginons
les représentations
de notre propre mort.
Mais suis-je assez libre d'aimer
pour réaliser la mort de l'autre
comme étant ma propre mort,
et pour anticiper ma mort
à travers celle de l'autre ?

Dans le cheminement du deuil il y a deux grandes dimensions : la séparation, l'arrachement et la prise de conscience de notre fragilité. La mort de l'autre, la mort de celui ou celle que nous aimons nous interpelle au plus profond de notre être car c'est la rencontre avec la limite incontournable de la vie terrestre.

Comme nous l'avons vu tout au long de cet ouvrage, *Vivre son deuil et croître* peut être une réalité. Cependant, le pèlerinage, la traversée du désert qui commence avec le décès de l'être aimé et qui se termine dans l'acceptation et la croissance est un parcours ardu et semé d'embûches. Ce que nous avons tenté de faire tout au long de ces pages, c'est de donner quelques informations quant à l'itinéraire, quant aux obstacles et au moyens de parvenir au terme du voyage.

Aucune, parmi les centaines de personnes endeuillées que nous avons côtoyées, n'a vécu ce cheminement de deuil d'une manière *parfaite*. Le deuil et la séparation sont des expériences douloureuses pour chaque être humain et chacun les vit à sa manière, à son rythme. Aucune démarche n'est appropriée pour tout le monde. Il y a toujours des exceptions. L'essentiel est de se faire confiance, d'oser demander de l'aide, et de ne pas rester seul avec un deuil qui n'en finit pas et qui empêche de vivre pleinement durant des années. Les jours de nos vies ont trop de prix et sont trop limités pour que le chagrin les habite trop longtemps.

Notre vœu le plus cher est que ce petit ouvrage soit une aide pour tous ceux qui vivent ou vivront un deuil, pour tous ceux qui désirent croître et faire avec tous les moments de leur vie, moments sombres et moments clairs, une symphonie achevée.

Bibliographie

Arnold William V., Fohl Margaret Anne, *When you are done*, Andrew Lester Ed.; Louisville, 1990.

Beverley Raphael, *The Anatomy of Bereavement*, Basic Books, New York, 1983.

Deits Bob, *Life alter Loss*, Fischer Books, Tucson, 1988.

Hétu Jean-Luc, *Psychologie du Mourir et du Deuil*, Ed. Méridien-Psychologie, 1989.

Jackson Edgar N., *When Someone Dies*, Fortress Press, Philadelphia, 1971.

Leick Nini and Devidsen Marianne, *Healing Pain*, Tovistock-Routledge, London, 1991.

Mannin Doug, *Don't take my grief away*, Harper and Row, San Francisco, 1979.

Paul-Cavallier François, *Mourir vivant au risque de l'amour*, Éditions Médispaul, Paris.
— *Accompagner la vie*, Éditions Médispaul, Paris.
— *Deuil et séparation*, cassette audio, Sonothèque Média, St. Gaudens.

Rando Therese, *Grief, Dying and Death*, Research Press Company, Champaign, Illinois, 1984.

Schiff Sarnoff Harriet, *Living Through Mourning*, Viking Penguin, New York, 1986.

Thomas, Louis, Vincent et al., *Rituels de Deuil - Travail de Deuil*, Ed. La Pensée Sauvage, Paris, 1988.

Williams-Reilly Donna, *Grief Ministry*, Ressources Publications, San José, Californie, 1988.

Worden William J., *Grief Counseling and Grief Therapy*, Tavistock-Routledge, London, 1991.

Annexes

ARC-EN-CIEL Suisse – Adresses des responsables

BERNE
Geissbühler-Blaser Annemarie
Schanzenstr. 1
3008 Berne
Tél. privé (031) 58 53 05 ; tél. prof. (031) 25 49 05

BIENNE
Bergamin Rosette
Wiesenweg 9
2553 Fafner
Tél. (032) 55 11 27

EINSIEDELN / SZ
Blum Käthy
Birchli 10
8840 Einsiedeln
Tél. (055) 53 35 66

FRAUENFELD / TG
Gsell Iris und Martin
Sonnenhofstr. 23
8500 Frauenfeld
Tél. (054) 21 37 70

FRIBOURG

Diethelm Sylvia
Bourguillon 17
1723 Marly
Tél. (037) 46 13 61

Marioni Danièle
Les Planchettes
1731 Ependes
Tél. (037) 33 11 04

GENÈVE

Pisler Agaath
9, ch Pré d'Orsat
1245 Collonge-Bellerive
Tél. (022) 752 34 21

LA CHAUX-DE-FONDS

Descharne Sylvie
Puits 25
2300 La Chaux-de-Fonds
Tél. (039) 28 72 03

LAUSANNE

Rutgers Jacqueline
c/o Pro Juventute
Caroline 1
1003 Lausanne
Tél. (021) 23 50 91

LUCERNE

Cazzaniga Martha
Alpenstr. 14
6023 Rothenburg
Tél. (041) 53 59 78

NEUCHÂTEL
Ph. et Ch. Dinant
Parcs 35
2000 Neuchâtel
Tél. (038) 24 68 82

NYON
Favre Sandra
Ch. de la Pesse
1261 Genolier
Tél. (022) 366 29 48

SION
France Dubaz
Coméraz
1971 Grimisuat
Tél. (027) 38 39 89

ST GALL
Bütler Rosmarie
Beckenstein
9312 Häggenschwil
Tél. (071) 38 56 80

THOUNE
Beutler Erika
Lontschenenweg 47
3808 Thoune
Tél. (033) 36 26 74

Fraternité JONATHAN PIERRES VIVANTES

En France

PARIS
55, rue Saint Antoine
Galerie des Marais
Tél. 42 77 48 34: mardi et jeudi
48 87 08 06 : jeudi
– Mardi sur rendez-vous
– Jeudi 15-17h
– 2e et 4e samedis, de 9h30 à 11h30

ESSONNE
Maison Diocésaine
Cours Monseigneur Romero
91000 EVRY
Tél. 60 77 70 59
– 1er mardi de 14h30 à 17h
– 3e samedi de 10h à 12h

YVELINES
Maison de la famille
12, rue du Parc de Clagny
78000 VERSAILLES
Tél. 39 51 90 82
– 1er lundi de 14h à 16h

DRÔME
Association des Familles
5, rue Saint Gaucher
26200 MONTELIMAR
Tél. 75 51 17 60
– 3e samedi de 10h à 12h

HAUTE GARONNE
2, rue Saint Jean
31000 TOULOUSE
– Tous les mardis de 14h30 à 17h et sur rendez-vous

GIRONDE
Mairie annexe (Près de l'Eglise)
130, avenue Lous Barthou
33200 BORDEAUX CAUDERAN
– 1er mardi de 14h30 à 16h30

MAINE ET LOIRE
10, place Montprofit
49000 ANGERS
– 1er et 3e jeudi de 14h30 à 17h30

NORD
S. E. P. T.
7, rue des Fossés
59000 LILLE
Tél. 20 42 09 34
– 1er mercredi de 15h à 17h

Fraternité JONATHAN PIERRES VIVANTES

Permanences en Belgique

Mr, Mme REMY-WIART Albert et Denise
17, Avenue Amand de Mendieta
5500 DINANT
Tél. (++32) 82 22 43 40

Mr, Mme JACQUET Léonce et Germaine
43, Rue de la Concorde
4032 CHENEE
Tél. (++32) 41 65 15 18

Mme LAMBEAU Jacqueline
9, Avenue de la Redoute
5000 NAMUR
Tél. (++32) 81 22 82 50

Ces adresses sont susceptibles de modifications ou d'autres groupes ou associations peuvent se constituer.

Vous pouvez vous adresser aux ÉDITIONS JOUVENCE pour recevoir gratuitement le dernier état des personnes et associations proposant un soutien et un accompagnement aux endeuillés.

AUX ASSOCIATIONS : Pensez à nous communiquer les changements d'adresse ou nouvelles créations. Merci.

Quelques adresses d'organismes proposant des sessions de deuil et séparation

Pour la France
CRERSI
24, rue des Closades
34830 CLAPIERS
Tél. 67 40 01 89

M. Benoit
Les Capriers 12
34790 GRABELS
Tél. 67 48 01 89

SAMASA
35, rue des Coulmiers
75014 PARIS
Tél. (1) 45 39 53 33

ISIS – Le Président
12, bd de la Corniche
74200 THONON-LES-BAINS
Tél. 50 70 42 34

Pour la Suisse
Formation – Transformation
Case postale 123
1211 GENÈVE 9
Tél. (022) 300 38 45
depuis la France: 1941 22 300 38 45

Pour une démarche qualitative : l'alliance du livre et de la cassette

Pouvoir intégrer au mieux dans sa démarche santé et de développement personnel les acquis et les conseils des Éditions Jouvence nécessite que nous apportions à nos lecteurs une conception et un message global de la santé.

C'est le cas par le dynamisme de notre politique éditoriale toujours à la recherche de thèmes permettant de donner encore mieux à chacun des moyens de prendre en charge sa santé et son développement personnel.

Mais il faut également aller au-delà des mots et de l'écrit. Il nous semble alors important d'apporter le soutien de la voix de l'auteur pour ainsi mieux sentir et s'imprégner de son message.

La concision et le souci pédagogique de l'exposé oral permet de mieux saisir les concepts et d'en retenir l'essentiel. De plus les cassettes permettent de développer des exercices qu'il sera alors facile de faire soi-même guidé par la voix de l'auteur.

Pour vous apporter ce « plus », les Éditions Jouvence collaborent avec **Sonothèque Média**, important éditeur français de cassettes audio. Ainsi, progressivement, nos livres seront complétés et accompagnés de cassettes pour vous permettre, amis lecteurs, de progresser encore plus intensément.

• L'accompagnant

Jean-Yves Revault

Ultimes messages de vie

Est-on jamais prêt à mourir ? Ce témoignage d'une rare authenticité nous interroge et donne la parole à ceux et celles qui sont confrontés au grand départ. Un ouvrage bouleversant.

"Un ouvrage exceptionnel qui deviendra une référence"
Rosette Poletti

144 pages • 85 FF / 23 FS

• Les quatre accords toltèques

Don Miguel Ruiz

La voie de la liberté personnelle

Ce livre montre en des termes très simples comment se libérer du conditionnement collectif basé sur la peur, afin de retrouver la dimension d'amour inconditionnel qui est à notre origine.

Un puissant code de conduite capable de transformer rapidement notre vie en une expérience de liberté, de vrai bonheur et d'amour.

128 pages • 75 FF / 21 FS

• La beauté est éphémère…, la bêtise éternelle

Madame le Juge Judy Sheindlin

La réussite au féminin selon une "femme de méninges"

Forte de sa longue carrière de juge, au cours de laquelle elle a vu tant de femmes souffrir des conséquences de choix stupides en matière de mariage, d'éducation et de carrière, Madame le Juge Judy Sheindlin expose avec punch, humour et bon sens comment changer leur attitude et réaliser leurs rêves en gardant intacte leur individualité.

160 pages • 95 FF / 26 FS

Achevé d'imprimer par Corlet, Imprimeur, S.A. - 14110 Condé-sur-Noireau (France)
N° d'Imprimeur : 52930 - Précédent dépôt : juin 1999 - Dépôt légal : mars 2001 - *Imprimé en U.E.*